困っている子の育ちを支えるヒント

発達の多様性を知ることでみえてくる世界

Itani Tomomi
井澗知美［著］

ミネルヴァ書房

はじめに

私が「発達障害」なるものに初めて出会ったのは，今から30年近く前のことです。(当時) 国立精神・神経センター精神保健研究所児童思春期精神保健部の上林靖子先生のもと，ADHD の臨床研究に取り組み始めたことがきっかけでした。今と違って，大学院でもそれほど発達障害のことは取りあげられておらず，私の場合，ADHD って何？　というところからのスタートでした。一般にもほとんど知られていなかった「発達障害」という言葉。今や，マスコミにも頻繁に取りあげられるようになり，書籍も数多く出版されています。しかし，「発達障害」は正しく理解されているのでしょうか。

最近，相談室に来られる方々のなかに，「発達障害なのではないかと言われて」「発達障害じゃないかと思って」と自ら発達障害ということを考えて来談される方が増えてきました。しかし，その多くの人が，そのこと（＝発達障害かもしれないということ）をどうとらえてよいのかわからず，もやもやしたり不安に思ったりしていらっしゃいます。また，そのたびに，自分自身が「発達障害」とどう付き合い，どうとらえてきたのだろうか……ということを考えさせられます。このような思いをもとに，本書の執筆を進めてまいりました。

「障害」とは，そのことで日常生活に差し障りがある，適応に困難を抱えている状態にあるということです。そして，「発達」とは本来多様なものであり，正しい発達の在り方というのはないと私は考えています。「発達障害」という言葉を，発達の異常と受け取られる方がいるかもしれませんが，そうではないということを最初に述べておきたいと思います。発達の在りようは本来様々であり，どれが正常でどれが異常というのはありません。ただ，少数派である発達の在りようは周囲から理解されがたく，多数派が占める社会で生活していくうえで，苦労することがあるのです。

第３章，第４章では発達に凸凹のある子どもを育てる親を支援するペアレント・トレーニングの技法について紹介しています。そこでは主に「(子どもに) どう対応するか」の How to を書いています。私は長くペアレント・トレーニングを実践してまいりましたが，学んだスキルを活用するためには「(子どもを) どう理解するか」が求められると痛感しています。「理解」があるから「対応」の工夫がなされ，「対応」を工夫することで「理解」が深まる，いわば車の両輪のようなものです。そこで，本書では，スキルだけではなく，発達の多様性について考える章を設け（第１章・第２章），発達に凸凹のある子どもたちを理解する視点を提供したいと考えました。また，第５章では社会のなかで育っていく子どもという視点に焦点を当てました。

根拠となる知見も取り入れながら一般の方にもわかりやすいものを，と心がけましたが，いざ書き始めてみるとそれは容易ではなく，うまく伝えられていなかったとしたらそれはひとえに私の力不足です。また，発達障害に関する研究はつねに進んでいますし，障害に関する考え方も変化していくものと思いますので，読者の方それぞれが最新の情報をアップデートしていただけると幸いです。本書が発達や発達障害についての視点を拡げることに少しでも貢献できたら，何よりもうれしく思います。

最後に，ペアレント・トレーニングのグループに参加したあるお母さんの言葉をご紹介したいと思います。「発達障害のある子どもを育てるうえで社会に望むこと」をおたずねしたときのお返事です。

みんなが得意不得意の違う部分を認め合って，気軽に助け合いができれば，もっと緊張が緩まり，楽になれるのではと感じています。「寛容さ」です。

中途半端に発達障害が知られることや，「発達障害＝困った子」というイメージだけが広まることで，それ以上の理解が進まず，親子共に追い詰められている人が多い気がしています。

私自身も子どもに手をあげてしまっていた時期がありました。外で泣き叫んでいる子どもにお母さんが怒鳴り散らしている場面をみかけると，「あぁ，親子共に苦しい思いをしているのかなぁ……」と思い，自分自身のこともふりかえってつらくなることがあります。

発達障害のある子どもは他の人が気にならないことにもすごく苦しい感覚を抱えていることが多いのです。「困った子」ではなく，「困っている子」という視点でみつめ，寄り添ってくれる人がひとりでも増えたらいいなと思っています。

私自身も，先生から教えていただいた「まわりが発達障害のある子どもを受け入れることで，発達障害のある子どももまわりを受け入れられるようになる」ということを日々実感しながら子育てしています。

「みんなと同じであること」を強要するのではなく，発達障害のある子どもたちの一人ひとりの彩（いろどり）を楽しみながらみつめて欲しいです。そして，発達障害についての理解がもっと広まり，当時者もそうでない人も，お互いの違いを認めて受け入れられるような豊かな社会になってほしいです。

このお母さまの言葉にあるように，発達障害の有無にかかわらず，人は一人ひとり異なる彩を持っています。お互いの違いを認め受け入れられる社会，それは真に豊かな社会となることでしょう。

しかし，自分と異なるものを理解することは意識しないとできるようにはなりません。私は，これまで出会ったすべてのお子さんやそのご家族や支援者の方々から学ばせていただきました。ここに皆さまに感謝を申し上げます。愛すべき皆さまの今後のご健康とお幸せを心よりお祈りしています。

本書を書くにあたり，多くの当事者の方とそのご家族の協力をいただきました。事例として載せることを快諾してくださった皆さまにも感謝を申し上げます。私にきっかけを与えてくださり，その後も厳しくも温かく導いてくださった上林靖子先生，ペアレント・トレーニングをご指導くださったシンシア・ウィッタム先生，当時の研究所の仲間の皆さま，彼らとの出会いがなければ本書は生まれませんでした。あわせて，心より感謝申し上げます。

また，ミネルヴァ書房の林志保さんには企画の段階からお世話になりました。彼女とのやり取りを通して，本書は完成しました。ここに心よりお礼を申し上げます。

2018年７月

井 潤 知 美

目　次

はじめに

第１章　発達は多様である ……………………………………………………………………… 1

1-1.「みんな違って　みんないい」？　2

1-2. かけがえのない存在である「わたし」　4

1-3. 社会に適応すること　5

1-4. うちの子，もんだい？　7

1-5. 発達とそれをささえるもの　8

1-6. 発達障害とは？　11

【コラム】 診断は何のために？　19

1-7. 発達の多面性　20

1-8. 発達をみていくための３つの軸　24

1-9. 特性と脳の問題　26

1-10. 障害か個性か　28

1-11. 平等？　公平？　29

第２章　困っている子を支援するためのヒント …………………………………………… 33

2-1.「困った子」ではなく「困っている子」　34

【コラム】 アセスメントとは？　35

2-2. 私たちは同じものを見聞きしているのだろうか？　35

2-3. 子どもの特性を理解する　38

【コラム】 前庭覚・固有覚　40

2-4. 行動を観察する　48

2-5. 行動の背後にある特性をつかもう――氷山モデル　51

2-6. ペアレント・トレーニングって何だろう　51

【コラム】 氷山モデルとは　52

第３章　ペアレント・トレーニングで学ぶスキルを試してみよう　基礎編 … 55

3-1. 行動を３つに分ける　56

3－2．ポジティブな注目をする　60
【コラム】 ほめることと文化　63
3－3．ポジティブな注目をしよう――ほめ方のコツ　65
3－4．注目のつかい分けをする　71
3－5．「スペシャルタイム」というスペシャルな技　79
3－6．指示の工夫をする　85

「ほめる」をめぐるQ＆A　99
これまでの復習　106

第4章　ペアレント・トレーニングで学ぶスキルを試してみよう 応用編 … 109
4－1．ペナルティの考え方　110
【コラム】 ルールのカテゴリー　112
【コラム】 機能分析をしよう　115
4－2．ペナルティの上手なつかい方　116
【コラム】 間違えること≠悪いこと　122
4－3．「行動チャート」を活用する　124
4－4．支援の目的は何か？　129

第5章　社会のなかで育つ子ども――「孤育て」にならないために ………… 131
5－1．人と人の間で育つ子どもの心　132
5－2．「こころ」の在りようはそれぞれの関係のなかに　135
【コラム】 社会化の土台としての信頼感　136
5－3．育てにくい子どもを育てる親の困難さ　136
5－4．子育てに必要な3つのゆとり　139
5－5．孤立感の分析――保護者へのインタビューから　142
【コラム】 ライフスキルを身につけよう　146
5－6．多様性のなかで学ぶ――映画『みんなの学校』から　147
【コラム】 人に迷惑をかけてはいけない？　148
5－7．学校と家庭の連携　150
5－8．いろいろな人がいるのが普通の社会　163

参考文献　167
おわりに　169

第 1 章

発達は多様である

1-1.「みんな違って　みんないい」？

この言葉は，金子みすゞの有名な詩「わたしと小鳥と鈴と」という詩の一節です。彼女は1930年に26歳の若さで亡くなり，長く知られずにいました。しかし，その詩に感銘を受けた矢崎節夫によって，没後50年以上経った1980年代に選集が編まれ，出版されました。1990年代には小学校の教科書に掲載されたり，彼女を主人公にしたドラマが放映されたりしたことで，今では広く知られています。この詩が広く人々の心に残るのは，「みんな違って　みんないい」という，シンプルな言葉に多様な在り方をうたっている点であるように思われます。

　わたしと小鳥と鈴と

わたしが両手を広げても
お空はちっとも飛べないが

飛べる小鳥はわたしのように
地べたを早くは走れない

わたしが体をゆすっても
きれいな音は出ないけれど

あの鳴る鈴はわたしのように
たくさんな歌は知らないよ

鈴と小鳥と　それからわたし
みんな違って　みんないい　(金子，1984)

ここで，「みんな違って　みんないい」という社会，多様性が認められる社会とはどのようなものなのかを考えてみたいと思います。

ある自治体で予算，土地が確保され，保育所をつくることが決まったにもかかわらず，地域住民の反対により白紙になったというニュースが報道されました。子育て支援のために保育所をつくろう，その考えには多くの人が賛同することでしょう。しかし，わが家の近くに保育所ができるとなると，様々な意見が出てくるのです。総論としては OK，すなわち，それはよいことだと一般論としては賛成するけれど，自分が関わるとなるとそうはならないということが社会のなかでは起こりえます。もし，小さい子どもをもつ世代が多く住む地域だったら，家の近くに保育所ができるのは大歓迎かもしれません。しかし，年配の方が多い静かな住宅地だったらどうでしょうか。子どもの声があるのはにぎやかでうれしいと思う人もいるでしょうし，うるさくて嫌だなと思う人もいるかもしれません。自分たちと異なるものを受け入れるというのは案外と難しいことなのです。

私は大学で発達障害について講義をすることがあります。ある授業で，ADHD（Attention Deficit Hyperactivity Disorder）と診断された子ども（Ａくん）が教室のなかでどのような困難を抱え，どのような支援が行われているかについてのドキュメンタリー番組を視聴し，ディスカッションしたことがありました。Ａくんは知的障害はありませんが，じっと座っていることが苦手で，授業中立ち歩いたり，いきなり発言したり，先生の指示に従えなかったりする男の子でした。番組を視聴した感想としては，おおむね「ADHD の子どもを理解することが大切」というものが出され，異論は出ませんでした。次に，もし自分がＡくんだったら？　Ａくんの保護者だったら？　Ａくんのクラスメイトだったら？　それぞれの立場からＡくんの学校生活についてどう思うかをたずねたところ，今度は様々な意見が出てきました。Ａくんが通常の学級で学ぶことについてのいくつかの意見を紹介します。

○私が小学生のころ，Ａくんのような子がいた。叩かれたりしてとても嫌だった。恐怖を感じることもあった。だからＡくんのことを受け入れられるかというと，やっぱり嫌だなと思うかもしれない。
○Ａくんはクラスで叱られることやみんなと一緒にできないことが多い，それはつらいと思うから，別のクラスで学ぶほうがＡくんにとってもよいのではないか。私がＡくんだったら自分に自信をなくしそう……。だから，ADHD のことに理解のある特別クラスで学びたい。
○小学生だからこそ，一緒に過ごすのがよいと思う。クラスを分けるとそういう子がいるんだということを知るチャンスがなくなる。大人になったら社会にはＡくんのように ADHD をもった人もいるわけだから，共に生きる社会を目指すならＡくんがクラスにいることはみんなが学ぶチャンスになると思う。
○Ａくんも世の中を知るという意味では通常のクラスで学ぶことができたらよいと思う。

などです。皆さんはどう思われますか？

「みんな違って　みんないい」というクラスになるためには，クラスメイト一人ひとりも大切，クラスメイトのうちのひとりであるＡくんも大切という条件がクリアされなければなりません。一人ひとりにとって安心できる生活環境が保障されていて初めて，他者を思い遣ることもできるでしょう。

あるとき，X社で働いている30代の方から次のような相談がありました。その方は同じ職場にいるＳさんのことで悩んでいました。Ｓさんは知的障害があり，気に入らないことがあると大声を出したり，怒鳴ったりするのだそうです。その方は同じチームで働いているのですが，Ｓさんに怒鳴られることがとても嫌でチームリーダーに相談をしたそうです。ところが，リーダーから「Ｓさんは障害があるんだから理解してあげて」と言われました。

「障害があるから」という一言だけで，障害がない，または軽い人はつらくても我慢する，というのでは，その職場はみんなにとって居心地の悪いものになってしまいます。少なくとも相談者の方にとってはそうでした。「みんな違って　みんないい」にはならないのです。まわりが我慢するだけだと，Ｓさんは「いい」かもしれませんが，この相談者には「いい」とはならなかったために相談に来られたのです。

そこで，チームリーダーを交えて，次のことを話し合いました。ひとつは，Ｓさんが大声を出したり怒鳴ったりするのはなぜか？　ということについてです。不安定になる要因は何かを探り，Ｓさんが安定して働けるよう配慮できることは何かを考えました。もうひとつは，大声を出す，怒鳴るという以外の方法で，Ｓさん自身が困ったことが伝えられるような工夫について考えました。この２つを検討することで，Ｓさん自身も，相談に来られた方も安心して働ける職場になっていくでしょう。

学校の教室でも同じことが言えるでしょう。障害があるから（特性があるから），周囲は嫌でも我慢するというのではなく，嫌なことは嫌だと言える，その意見も尊重してきいてもらえる，そのうえで，これは嫌だけどこうしてもらえたら自分も協力できる，Ａくんも周囲の人もそれぞれが自分のできることをする，「みんないい」となるための道を，共に生活するものが一緒に探っていく，そのプロセスを経て，共に生きていける社会がつくられていくのだと思います。

1-2．かけがえのない存在である「わたし」

みすゞの詩に出てくる「走れるわたし（人間）」「飛べる小鳥」「音を出せる鈴」，これほど違いはないですが，私たちは一人ひとり違っていて，この世にひとりとして「わたし」と同じ人間は存在しません。考えてみるととても不思議です。なぜ一人ひとりは異なるのでしょうか。「わたし」はどうやってつくられるのでしょうか。

私たちの命の始まりは，受精卵です。ひとつの卵子とひとつの精子が受精し，受精卵は卵管を通って子宮の壁に着床します。そして，母胎で約10か月間を過ごし，この世に生まれてくるのです。受精卵はひとつの細胞ですが，細胞分裂を繰り返しながら，「わたし」を形づくっていきます。最近の技術の進歩により，胎児の様子がわかってきました。胎児は，最初のころはとてもニンゲンにはみえません。魚類，爬虫類，両生類のような……そしてやがてニンゲンらしい形になっていきます。数か月の間に，生命の進化，46億年の歴史を駆け抜けるのです。受精するのも２億分の１の精子との出会いです。たったひとつの卵子にたどりつくまでの２億の精子たちの過酷な旅をドキュメンタリーでみたとき，本当に「わたし」の存在は奇跡だなと感じました（NHK取材班，2008）。

ひとつの受精卵には46本の染色体（遺伝情報がのっている物質）がありますが，それは母親の卵子から23本，父親の精子から23本を受け継いで結合して46本になります。「わたし」がこの世に存在しているのは，この世にいるたくさんの人々のなかから「わたし」の両親が出会い，父親由来の遺伝情報と母親由来の遺伝情報をもとに，「わたし」が誕生したことによります。染色体は主に遺伝情報を蓄えたDNAから成り立っていて，そのDNAの並び方は人によって異なり，まったく同じ人はいませんが，その違いは0.1％なのだそうです。柳澤（2002）はその著書のなかで，「みんなと0.1％ずつ違う『わたし』を大切にしていかなければなりません。そして，私と0.1％違う相手を尊重しなければなりません」と述べています。

私はその本を読んだとき，たった0.1％だけしか違わないということに驚いたと同時に，それなのになぜ人はこんなにも一人ひとり異なるのだろうと不思議な気持ちにもなりました。そして，人の発達の複雑さに圧倒され，今，自分がこのように在ることや，他者がそのように在ることはそれぞれに有難いことなのだと感じました。

ちなみに，チンパンジーとヒトではDNAの並び方の違いは１～２％だそうで，それを知ってからは動物園に行くと妙な親近感をもってチンパンジーを眺めてしまいます。我々，ヒトは，遺伝子レベルでいうと違いはたったの0.1％，ただその0.1％のちょっとした違いをお互いに大切にしよう，というふうに考えていけたらよいのではないでしょうか。加えて，今の私たちのDNAは46億年の進化の歴史のたまものであるということに畏敬の念をもちたいとも思います。

1-3．社会に適応すること

適応とはどういうことでしょうか。『広辞苑』第６版によると「①その状況によくかなうこと。ふさわしいこと。あてはまること」と記されています。一般には，おかれた環境のなかでうまく生活できているという状況が思い描かれるでしょうか。ラザ

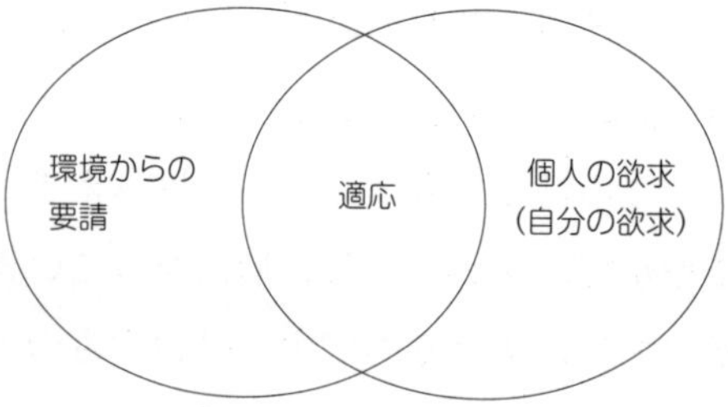

図1-1　適応

出所：筆者作成。

ルスという心理学者は「適応とは，環境から個人に対して寄せられる要請と，個人の側の欲求との間が，相互に調和的であること」と言っています（図1-1）。子どもの場合で考えると，学校という集団や社会の一員として求められる知識やスキルを身につけていくこと（たとえば，授業中は席についている，ブランコに乗るのに順番を待つ，ひとつしかないおもちゃは交替で使うなど）が環境の要請に応えるということになるでしょう。

「ブランコの順番を待つ」を例に考えてみます。環境からの要請は「待つこと」です。一方，個人の欲求は「はやく乗りたい」という気持ちです。ある日曜日の午後，公園にブランコに乗りたい子どもが4人いたとします。4人の欲求を満たすには，どうすればよいのでしょうか。じゃんけんで順番を決めて代わりばんこに乗るなどのスキルがある，仲良くブランコで遊べる，これが「適応」した行動です。もし公園に自分ひとりしかいない状況だったら……好きなだけブランコに乗ることができるかもしれませんが，楽しさは半減しそうです。好きなだけ乗りたいけれど，ひとりだとつまらない。ブランコに乗る楽しみとみんなで遊ぶ楽しみの両方が満たされるとハッピーですね。

自分がしたいことやこう在りたいと思うことをみつけ，自分らしく生きていくことができたら，人生は満ち足りたものになるでしょう。そのためには，子どものときから，適応するスキルを身につけていくことが役立ちます。子どもは，周囲から受け入れられない方法で自己主張ばかりすると目立つので（たとえば，他者の意見を最後まできかずに発言する，他者をこてんぱんにやっつける，大声で威嚇するように発言するなど）教育的なしつけや周囲からの圧力がかかり，自然と修正されていきますが，自分の欲求を抑えて周囲に合わせることしかできていない子どもは「問題のない子」と認識され，

適応スキルが身についていないことが見逃されてしまうことがあります。たとえば，本当は嫌だと思っていても主張できない，他者と異なる意見をもっていても発言することができないなどの場合です。

適応とは，自分の欲求を抑えて周囲に合わせることだけではないのです。集団のなかで自分らしくいられることが大切です。環境からの要請と自分の欲求の折り合いをつけていく，ほどほどのバランスでいられるときに，「適応している」と言えるのでしょう。

1-4．うちの子，もんだい？

この世に誕生した命への喜びは何物にも代えがたいものです。人間に限らず，動物の赤ちゃんはかわいらしく多くの人が魅了されます。かわいらしさはすべての種に共通ですが，人間の赤ちゃんの特徴として，育つのに手がかかるという点があげられます。生後約１年間は歩くことすらできず，親（親なるもの）の手がなくては生存不可能です。親は抱っこしたり，食事を与えたり，おむつを替えたり，子育てにかなりの時間と労力をかけます。このように家庭という親密な社会のなかで，さらに学校や様々な集団に属して生活しながら赤ちゃんは社会化されていきます。人間の赤ちゃんは大人になるのにとても時間がかかる生き物といえるでしょう。

社会のなかで子育てをしていると，親の悩みはつきないものです。たとえば，このような相談をきくことがあります。

Episode 1　指示に従えないケンちゃん

幼稚園の先生から，「ケンちゃんはクラスで指示をしてもきいていないことが多いです。ボーっとしていて，いつも遅れて活動に参加しています。一度，相談に行ってみてはどうでしょうか？」と言われました。インターネットで調べてみたら，発達障害の症状に当てはまるのですが，うちの子は発達障害なのでしょうか。

Episode 2　かんしゃくもちのケイコちゃん

学校の面談で担任の先生からこう言われました，「ケイコちゃんは学校で思い通りにならないとかんしゃくを起こして，泣いてしまって，みんなと一緒に活動がうまくできなくて……私たちもどう指導してよいのか悩んでいます。お家での様子はいかがですか？」家ではまったくそのような様子がなかったので驚きました。ひとりっ子なので甘やかし過ぎたのでしょうか。

Episode 3　テレビをやめられないタロウくん

幼稚園や学校で集団生活が始まると，いろいろなことが要求されます。それにともなって，家庭でのしつけも始まります。ここでは，タロウくん（5歳）の1日を追ってみましょう。朝7時に起きる，着替える，ごはんを食べる，歯磨きをする，園のカバンをもって登園する，園では先生の指示に従って課題に取り組む（教室で工作をする，運動場で身体を使った遊びをする，並んで座ってお話をきくなど），友達と一緒に遊ぶ，園から帰ったら手を洗う，おやつを食べる，外に遊びに行く，帰ってきてテレビをみる，夕飯を食べる，お風呂に入る，パジャマに着替える，歯磨きをする，布団に入る，といった具合です。

タロウくんのお母さんにきいてみました「子育てで困っていることはありますか？」。

「テレビをなかなかやめられないことです。お風呂に入りなさいと何度も声をかけているのですが，なかなかテレビの前から動こうとしないので，ついつい私の声も大きくなります。『いい加減にしなさい！』，最後は怒鳴ってしまいます。毎日こんな調子でたいへんです」とお母さん。

さて，ケンちゃん，ケイコちゃん，タロウくんは「もんだい」のある子なのでしょうか？　また，ケンちゃんは発達障害なのでしょうか。そもそも，発達障害って最近よくきく言葉だけれど，どういうことなのでしょうか。

次に，「発達」や「発達障害」という言葉について，考えてみたいと思います。

1-5．発達とそれをささえるもの

そもそも「発達」とはどういったことなのでしょうか。言葉の由来から考えてみたいと思います。「発達」を意味する「develop」の語源は，古いフランス語の「desveloper」，「des（否定の意）＋veloper（包む）」です。つまり，発達とは「包みが解かれてあらわれてくるもの」と言えます。

生まれたばかりの赤ちゃんを考えてみてください。歩くことも話すこともできない赤ちゃんは，1日のほとんどを寝て過ごしていますが，ときどき目をぱっちりとあけてじっと何かをみつめていることがあります。その瞳をみているとどこか神々しい雰囲気を感じます。また，泣くときは全身で泣いています。赤ちゃんの泣き声は大人の気持ちを駆り立てる効果があるそうです。なるほど，赤ちゃんの泣き声をきいていると何だか放っておけない気持ちにさせられます。お腹が空いた，とか，おむつが濡れた，とか，退屈だとか，要求を伝えてくれたらよいのに，なぜ泣いているのかわからないことも多い赤ちゃん。昔の人は「赤ちゃんは泣くのが仕事だから」と言っていましたが，子育てをしているとその言葉に納得することもあるでしょう。

さて，そんな赤ちゃんですが，急速に「発達」していきます。1歳前後で歩き始め，言葉を話し始め，2歳半を超えると母国語の語順を獲得し始め，3歳までには大人と簡単な会話ができるようになります（森岡，2015）。言葉をまったく話すことがない，泣いているだけの赤ちゃんがたった２年で言葉をしゃべるようになる，発達の力のすごさを感じます。私たちが２年間外国語を勉強してもこうはいきません。まさに，「包みのなかにあったものが解かれて現れてくる」のです。生物学的にいうと，「遺伝的に備わっていたものが発現してくる」ということができます。

わが子の健やかな発達を願うのは親心でしょう。では，次に，発達をささえる要因についてみてみましょう。

発達心理学のなかで古くから議論されてきたことに，「氏（遺伝）か育ち（環境）か」というテーマがあります。育ち（環境）について，ワトソン，J. という心理学者は次のようなことを言いました。「私に健康な12人の子どもと，彼らを養育するための自由な環境を与えてくれれば，才能や民族など遺伝的と言われるものとは関係なく，医師，法律家，芸術家，実業家，さらには乞食や泥棒にさえも育ててみせる」。彼は発達における経験（環境から学ぶこと）を重視したのです。しかし，実際，そんなことは起こりません。遺伝子がどのように発現するかには環境の要因が大きく影響していますが，もともともって生まれた資質というものもあります。現在では，遺伝と環境，両者は共に発達に影響を与える要因として考えられています。

このテーマを考えるとき，私は『ガタカ』（Niccol, 1997）という近未来 SF 映画を思い出します。1997年に公開された映画ですから，もう20年以上も前の映画です。ネタバレにならないように詳細は省きますが，子どもを産むのに遺伝子操作が当たり前になった時代に，遺伝子的に不適格とされた主人公が宇宙飛行士を目指すストーリーです。主人公は身体を鍛え，勉強をし，宇宙飛行士の試験にチャレンジするのですが，遺伝子的に不適格ということだけで関門を突破することができません。そんなとき，ある闇の業者を知ります。彼を介して，遺伝子的にスーパーエリートで水泳の選手であったけれど半身不随になった青年になりすまし，宇宙飛行士候補生の座につきます。紆余曲折ありますが，最後に主人公は宇宙飛行士として土星に飛びたちます。遺伝子だけでその後の発達，その後の人生を予測できるものではないのです。当たり前のことですけれど，そのことが切ない気持ちで味わえる映画です。

少し専門的な書籍ですが，ヒューム ＆ スノウリング（2016）は，その著書のなかで「遺伝子には，直接発達に関わる情報が含まれているが，発達そのものはすべて環境のなかで起こり，環境からの情報は，遺伝的な『青写真』と複雑に相互作用している。発達は遺伝と環境からの入力との相互作用の結果である」と述べています。そして，発達の多様性について認知活動の在り方から説明しています。「いかなる認知活動にも，一つもしくはそれ以上の脳回路が関わっており，それらの回路は，互いに情報を伝達しあう何千もの神経細胞の複雑な集合体から構成されている。そのような脳

回路には，遺伝的な影響を受けて発達する部分もあれば，環境との相互作用を通した学習によって形成される部分もある。（中略）要するに，脳回路は，遺伝的情報と，様々な環境的影響との複雑な相互作用で発達するのである（この場合，環境とは，心理的な経験だけではなく，気温，栄養，毒素，放射能など，発達へ影響を与える物理的なものも含む）」（ヒューム & スノウリング，2016：10-11，強調筆者）。

ここでいう認知（cognition）とは，情報を受け取り，脳のなかで処理して行動に移す過程のことです。

たとえば，お母さんが子どもに「ほら，ワンワンがいるよ，かわいいね」と声をかけ，子どもがニコッとして犬に手を伸ばしたとします。このとき，子どもの脳のなかでは次のような情報処理がされています。子どもはお母さんの言葉を耳でききます。そして，「ほら」といって指しているものは何かを判断し，「ワンワン」というのは犬のことであると理解し，お母さんが犬をよいものとして受け取っていることを受けとめます。そこで自分もよいものと受けとめ，触ってみたくなり手を伸ばします。

やや説明が難しくなったかもしれませんが，ここでお伝えしたい大切なポイントは，発達とは，変化のプロセスであること，また，発達とは，遺伝と環境との相互作用が働く複雑なプロセスであるということです。

遺伝と環境の事例として，ある女性のお話を紹介したいと思います。

テンプル・グランディンさんは自閉スペクトラム症と診断されていますが，その特性を活かして，家畜に優しいスローターハウス（屠殺場）の特許を取り，動物学に関して学位をもち，大学でも教えています。彼女の自伝を描いた *Temple Grandin*（Jackson，2010）というドラマのなかで，幼少期に専門家のところに行った回想シーンが出てきます。3歳になるというのにまったく言葉を発しない娘を心配して受診した母親に，医者は「自閉症です」と告げ，その原因は母親の情緒的な関わりの乏しさからくることを説明し，施設に預けることを提案します（筆者注：テンプルさんの幼少期である1960年代，自閉症は冷たい母親が原因と考えられていました）。母親はそれを受け入れず，試行錯誤でテンプルさんを育てていきます。のちにテンプルさんはインタビューや著書のなかで「自分が成功できたのは母のおかげである」と語っています。施設に入れる代わりにテンプルさんにあった保育所をみつけ，殴り合いのけんかなどで退学処分を受けた彼女に合う高校を探してくれた，そのおかげで

多くの人生の師に出会うことができたと言っています。つまり，自閉症の特性をもっている脳であることは変わりなくても，環境との出会い方により，その特性を活かし，成長・発達していくことはできるのです。

このドラマのなかで，テンプルさんはハグ（挨拶として抱き合うこと，アメリカではよくある挨拶手段）が苦手というエピソードが出てきます。多くの人は，再会の喜びや親しい人を失った悲しみを共有するために，ハグし合って気持ちを分かち合います。しかし，テンプルさんにはそれがわからず，ハグは意味のわからないものでした。しかし，叔母さんの農場で興奮していた牛が締めつけ機に挟まれることで落ちつきを取り戻すのを観察し，その後，テンプルさん自身がパニックになったときに締めつけ機に入って挟まれてみました。するとその圧迫感により深いリラックスをえることができました。そこから，人がハグし合うことの意味を理解し，恩師が亡くなった葬儀では母親とハグすることができました。

このように発達障害であったとしても人はすべてつねに変化し続ける（発達し続ける）存在なのです。それぞれの発達特性を理解したうえで，安心感を与えられる環境を準備することが発達をささえるうえで何より大切なことといえます。

1-6．発達障害とは？

(1)　障害とは

障害は，英語では handicap，disability，impairment，disease，disorder などいろいろな言葉があるものの，それらは日本語ではすべて「障害」とされています。1980年に WHO が出した障害モデル，国際障害分類（ICIDH）を図1-2に示しました。

この図1-2の例では，脊髄を損傷したことで機能障害（impairment）となり，そのために歩行困難という能力低下（disability）が起こり，その結果，外出がしにくい社会的不利（handicap）を被るというモデルが紹介されています。しかし，その後，障害は個人に帰するものではなく環境との出会い方である，誰もが障害をもちうるということで，障害モデルは改訂されました。2001年に発表されたモデル，国際生活機能分類（ICF）が図1-3です。

図1-2のモデルでは脊髄損傷があるために歩行が困難という例をあげました。同様の状態を改訂された障害モデルで考えると，環境因子として街がバリアフリー設計であったり，移動を手伝ってくれる人たちがいたりすれば，外出ができるようになり，参加において困難はなくなります。

ADHD を例に考えてみましょう（図1-3）。注意の持続時間が短い，友達から話し

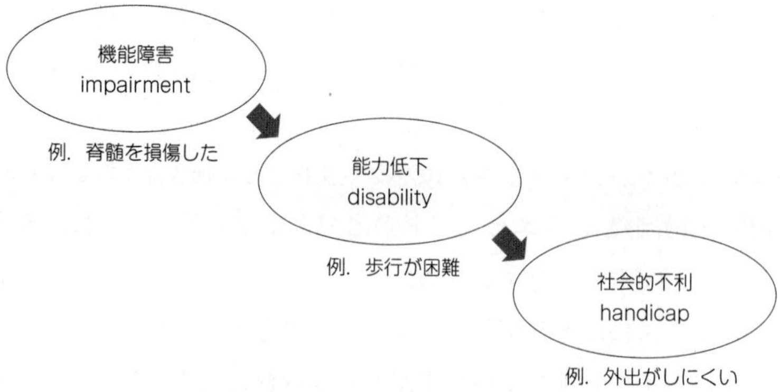

図１－２　国際障害分類

出所：WHO，1980より筆者作成。

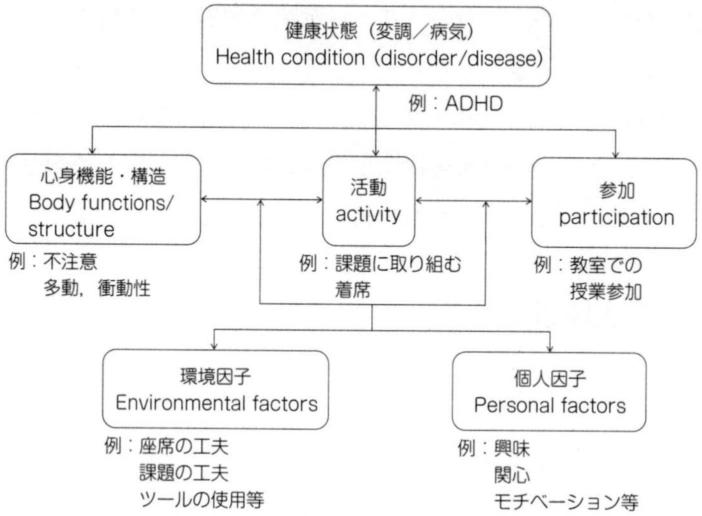

図１－３　国際生活機能分類

出所：世界保健機構（WHO），2002より筆者加筆。

かけられたらつい乗ってしまうなどの刺激の受けやすさ，じっとしていることが苦手という特性はありながらも（心身機能・構造），授業の内容にとても興味がある（個人因子），教室の構造や授業の進め方が明確でわかりやすい・座席の工夫（環境因子）などにより参加において困難は少なくなるのです。図１－２の障害モデルの言葉を用いると，機能障害（歩くという機能が損なわれている／注意の持続をする機能が低下している），能力低下（歩けない／集中力が短い）があったとしても，環境との出会い方により，社会的不利（外出ができない／授業に参加できない）はなくなるのです。

藤村（2005）の「心のバリアフリー」という小冊子は障害について考えるのにとてもよいテキストです。私は大学の授業で使うことがありますが，多くの学生が「障害」を身近なこととしてとらえるようになります。ここでそのテキストの一部をご紹介します。

小学校６年生を対象にした授業でのやりとりをもとに書かれた第２章「障害のはなし」は，るーちゃんという男の子がスケボーに乗っていて転んで骨折をしたというところから，障害ってなんだろう？　という話に展開していきます。るーちゃんは最初は右手，次に左手を骨折したので，ごはんを食べたり，文字を書いたりすることが不自由になります。そこで，藤村さんは「『障害』っていうのは何かというと，『生活をするうえでさまたげになるもの』だったよね。できないことがある，困ることがあることを障害という。例えば，『手が折れた』，手が折れたら，ご飯が食べられなくて困るとか，勉強ができなくて困るというさまたげがあるね」と子どもたちに話をしていきます。

障害とは「生活するうえで困ることがある」ということなのです。ADHD の診断に際しても「これらの症状が，社会的，学業的，または職業的機能を損なわせているまたはその質を低下させている」ことが診断基準としてあげられています（日本精神神経学会，2014)。社会的機能が損なわれる，または質が低下するというのは，ADHD の症状のために友達とうまく遊べないことなどがあげられます。学業的機能が損なわれる，または質が低下するというのは ADHD の症状のために授業を受けられず学習し損なうということです。すなわち，特性（症状）があることだけでなく，その特性（症状）が影響して，日常生活で困ることがあること，さまたげがあることが障害の意味するところであるといえます。

テキストでは続いて，障害とは，当事者（この場合るーちゃん）が困っていることであって，まわりの人が困ることではないのに，私たちは，障害があることに対して，それだけで迷惑だと思うことがないだろうか？　と子どもたちに問いかけていきます。また，障害者になりたいと思ってなった人がいるだろうか？　誰が障害者になるのだろうか？　と問いかけていくことで，自分から障害者になろうと思った人はいないこと，誰もが障害者になる可能性があることを子どもたちに気づかせていきます。

「障害があること」を個人の視点と社会の視点で考えてみたいと思います。もし，あなたが何らかの「障害がある」，たとえば，骨折して歩けないとしたら，どうでしょうか。そういえば，私は数年前にひどい捻挫をしたことがありました。自宅から最寄り駅までは家族に車で送ってもらうか，タクシーを使い，駅のホームではエレベーターを探すなど，通勤がたいへんだったことを思い出します。エレベーターのない駅もあって，ふだんは何でもない階段がとてつもないハードルとなりました。個人の視点で考えたときに「障害がある→困る」と私たちは考えがちですが，実際は「障害がある→助けがない→困る」のだと言えます。

社会の視点で考えるとどうでしょうか。障害のある人がいることは困ることでしょうか。先ほどの藤村さんの話にあったように，私たちは誰でも障害者になる可能性があるのです。障害をもっていても安心して暮らせる社会であれば，すべての人が安心して暮らせるのではないでしょうか。

財政社会学が専門である慶應義塾大学教授の井出英策さんはあるインタビューで自らの生い立ちについて語っています。それによると，井出さんは母子家庭で経済的に貧しかったそうですが，生まれた子どもの幸せを願って親戚が少しずつお金を出し合ってくれ，育てられてきたのだそうです。そのことを「僕は運がよかった。だから言いたいことは一言に尽きる。運が悪いだけの理由で真っ当な人生を送れないのはあまりに理不尽だということ。いかなる条件で生まれても，誰もが堂々と安心して暮らせる社会をめざさなければ」と述べています（『朝日新聞』2017年9月2日付朝刊）。

障害があっても，貧しくても，誰もが堂々と安心して暮らせる社会を目指す，そのような社会が，多様性と豊かさをもたらす社会となっていくのではないでしょうか。もし，子どもが発達に凸凹をもっていても，発達障害と診断されても，それが生きていくうえで「障害」とならないよう，むしろ，堂々と安心して生きていけるよう，自分の力を活かして生きていけるように工夫していける社会は豊かな社会であることでしょう。

(2) 発達障害という言葉

さて，「発達障害」とはどのような状態を指すのでしょうか。次にその概念について整理しておきたいと思います。英語だと障害を指す言葉はいくつもあることを先にご紹介しましたが，「発達障害」の「障害」は「disorder」です。disorder とは，dis（乱れ）＋order（順序），つまり，定型とは違う道筋で発達している，発達の在りように大多数の子どもたちと異なる点があるということです。

「発達障害」という言葉は，2000年代ころからわが国ではよく知られるようになりました。ネットで検索するとたくさんのサイトが出てきますし，本を検索すると何十冊も出てきます。テレビや新聞でも取りあげられる頻度が増えました。しかし，医学的に「発達障害」という診断名はなく，その定義はあいまいです。使う人や状況によって指しているものが違うことがあります。本書では，「認知発達に凸凹があり，日常生活に適応するのに困難を抱えている状態」と定義します。現在の日本の精神医学領域でおおむね合意を得ているものは，自閉スペクトラム症（自閉症・ASD），読み・書き・算数といった特定の領域にのみ困難を示す学習障害，注意欠如多動性障害（ADHD）を含んだ概念でしょう。これに境界域知能といわれる，平均を下回るけれども精神遅滞（IQ 70以下）に該当しない状態，発達性協調運動障害といわれる，粗大運動（身体全体を使う動き，たとえば，マット運動やキャッチボールなど）や微細運動（手先の器用さが求められる動き，たとえば，ひもを結ぶ，ハサミを使うなど）が苦手となる不器用さが症状となるものが加わることもあります。

DSM-5（*Diagnostic and Statistical Manual of Mental Disorders*, 5th Edition；『精神障害の診断と統計マニュアル第５版』）という米国精神医学会が作成し，国際的に広く用いられている精神障害の分類マニュアルでは，神経発達症群／神経発達障害群（Neurodevelopmental Disorders）というカテゴリーがあり，下記の６つが含まれています。

○知的能力障害群（Intellectual Disabilities）
○コミュニケーション症群／コミュニケーション障害群（Communication Disorders）
- 言語症／言語障害
- 語音症／語音障害
- 小児期発症流暢症／小児期発症流暢障害（吃音）
- 社会的（語用論的）コミュニケーション症／社会的（語用論的）コミュニケーション障害

○自閉スペクトラム症／自閉症スペクトラム障害（Autism Spectrum Disorder）
○注意欠如・多動症／注意欠如・多動性障害（Attention-Deficit/Hyperactivity Disorder）
○限局性学習症／限局性学習障害（Specific Learning Disorder）
○運動症群／運動障害群（Motor Disorders）
- 発達性協調運動症／発達性協調運動障害
- 常同運動症／常同運動障害
- チック症群／チック障害群

(3) グレーゾーンってなに？

Episode 4　友達と遊べないヒデくん

ヒデくん（５歳）は赤ちゃんのときから育てにくい子どもでした。ちょっとした変化に過敏で，すぐに目を覚ましてしまうので，お母さんは長く睡眠不足で苦労していました。幼稚園に入園したものの，うまくお友達と遊ぶことができません。休み時間はいつもひとりで園庭をうろうろしています。遊んでいるおもちゃを取られても取られっぱなしです。家で恐竜の図鑑を読むことが大好きで，買った図鑑は繰り返し読んで恐竜の名前を全部覚えてしまうほどです。レゴブロックで遊ぶのも好きで，レゴで精巧な恐竜をつくりあげてお母さんを驚かせることもしばしばあります。どうしてお友達と遊ばないのだろう……心配したお母さんは相談に行きました。「何か診断がつくのでしょうか？」とたずねたところ，先生からは「あえて言えばグレーゾーンでしょう，しばらく様子をみましょう」と言われました。

「（医療機関で）グレーゾーンと言われました」という方は少なくないようですが，この「グレーゾーン」という言葉は誤解を生みやすい言葉だと感じます。医療者が伝

表1-1　ADHDの診断基準

A1　不注意：以下の症状のうち6つ（17歳以上では5つ）以上が少なくとも6ヶ月以上持続している。 a．学業、仕事、または他の活動中に、しばしば綿密に注意することができない、または、不注意な間違いをする。 b．課題または遊びの活動中に、しばしば注意を持続することが困難である。 c．直接話しかけられたときに、しばしば聞いていないように見える。 d．しばしば指示に従えず、学業、用事、職場での業務をやり遂げることができない。 e．課題や活動を順序立てることがしばしば困難である。 f．精神的努力の持続を要する課題に従事することをしばしば避ける、嫌う、またはいやいや行う。 g．課題や活動に必要なものをしばしばなくしてしまう。 h．しばしば外的な刺激によってすぐ気が散ってしまう。 i．しばしば日々の活動で忘れっぽい。
A2　多動性および衝動性：以下の症状のうち6つ（17歳以上では5つ）以上が少なくとも6ヶ月以上持続している。 a．しばしば手足をそわそわ動かしたりトントン叩いたりする、またはいすの上でもじもじする。 b．席についていることが求められる場面でしばしば席を離れる。 c．不適切な状況でしばしば走り回ったり高い所へ登ったりする。 d．静かに遊んだり余暇活動につくことがしばしばできない。 e．しばしば“じっとしていない”、またはまるで“エンジンで動かされているように”行動する。 f．しばしばしゃべりすぎる。 g．しばしば質問が終わる前に出し抜いて答え始めてしまう。 h．しばしば自分の順番を待つことが困難である。 i．しばしば他人を妨害し、邪魔をする。

出所：日本精神神経学会，2014。

えたかったことと家族が受け取ったことに齟齬が生じることがあるからです。そもそも「グレーゾーン」という言葉がなぜあるのかを考えてみたいと思います。

診断するということを，基準によって分けられた箱（カテゴリー）に分類するというイメージで考えてみましょう。たとえば，ADHD の場合は，不注意に関する9項目中6項目以上，多動性および衝動性に関する9項目中6項目以上が当てはまるときに診断するという決まりがあります（表1-1）。

基準が決められていて操作的に診断するというこのシステムは，おおまかに共通認識をもてるというメリットがあり，研究や国の政策を考えるうえでは役立つものと言えましょう。しかし，目の前のひとりの子どもを理解するには不十分と言えます。なぜなら，子どもは一人ひとり異なる存在であり，それを分類しようとすると，必ず基準にぴったり当てはまらない子どもたちがでてくるからです。たとえば，ある時点で，不注意に関しては3項目，多動性および衝動性に関しては5項目当てはまる子どもはどうでしょう。

また，表中の個々の項目に当てはまるかどうかは，症状（子どもの行動の在り方）について「しばしば」そうであるかどうかを**専門家が判断している**という特徴があります。これに関して，他の医学的疾患で考えてみましょう。たとえば，インフルエンザに感染したかどうかは，インフルエンザウイルスの抗体があるかどうかでわかります。骨折しているかどうかもレントゲンを撮った画像から骨折の有無は明らかです。この

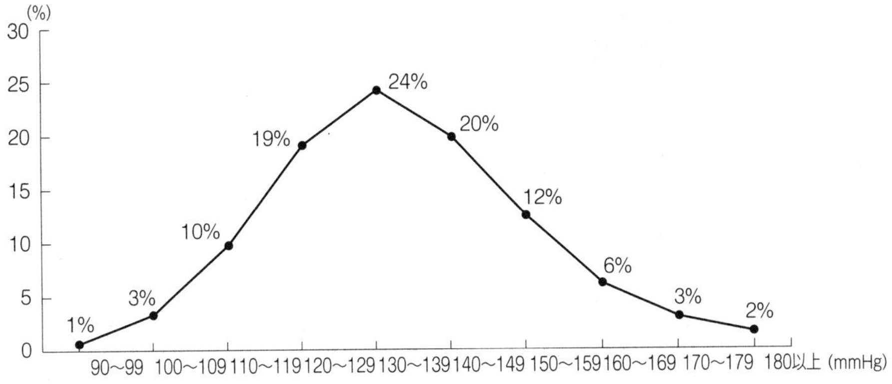

図１－４　日本人男性（40〜89歳）の最高血圧

出所：厚生労働省，2014。

ように客観的なデータから異常かどうかがはっきりしています。では，高血圧という病態はどうでしょうか。

図１－４は，平成24年度「国民健康・栄養調査報告」のデータから日本人男性40〜89歳，5152人の最高血圧のデータをグラフにしたものです。真ん中の平均値に近いところの人数の割合が多く，端に行くほど人数の割合は少なくなる山型になっていること（正規分布曲線といいます），高い値から低い値まではひと続きの連続体になっていることがわかります。日本では最高血圧の正常値は140㎜Hg未満とされているので，140㎜Hg以上が異常値となり，高血圧と診断されますが，実際は連続体であり，どこからを異常値とするかは決めごとだといえます。

ADHDの診断基準のひとつである「落ちつきのなさ」も同じように連続体と考えられます（図１－５）。どこからが「発達の水準に不相応」なのかについての明確な基準はありません。発達障害に詳しい専門家が子どもの行動を観察し，保護者や担任への聞き取りや調査票の得点などから「落ちつきのなさ」が逸脱するレベルであるかどうかを総合的に判断しています。

このように連続体として考えられる事象を次元的（dimensional）と言います。診断名はあるカテゴリーに分類する（categorical）ということであり，次元的な事象をカテゴリーに落とし込むこと自体に多少の無理があるわけです。

では，なぜカテゴリーに分類するかというと，先ほど述べたように便利だからです。便利な点のひとつに，説明がしやすいことがあります。「うちの子は脳の機能が異なっていて，刺激を受けやすく，周囲が騒がしいと気が散ってしまって，作業に集中するのが難しくなるんです」と説明するよりも「うちの子はADHDと診断されていて，周囲が騒がしいと集中するのが難しくなるんです」という方が説明しやすいでしょう。もうひとつは，診断があることでサポートがえられやすくなることです。た

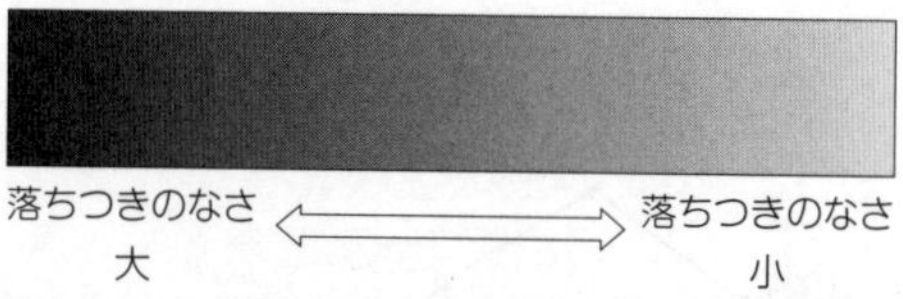

図1－5 「落ちつきのなさ」どこからが異常か？

出所：筆者作成。

とえば，学校は，「教育基本法」という法律に基づいて運営されていますが，そのなかで自閉症，学習障害，注意欠如多動性障害などの子どもたちについては「特別支援教育」として支援をすることが明記されています。さらに国連で2006年に採択された「障害者の権利に関する条約（障害者権利条約）」に日本も2014年に批准したことを受けて，法律の改正が行われています。たとえば，学校教育のなかでは，2012年に「共生社会の形成に向けたインクルーシブ教育システム構築のための特別支援教育の推進（報告）」が出され，支援の具体性が増しています。

ちなみに，自閉スペクトラム症の「スペクトラム」という言葉も「連続体」を意味しています。雨上がりの空にかかる虹をイメージしてください。虹は何色ありますか？　日本ではレインボーカラーは７色，赤→オレンジ→黄色→緑→水色→青→紫とされていますが，物理学的には連続体であり数えることはできないというのが正解です。たしかに，赤から紫までの美しいグラデーション，その境目をはっきり分けることはできません。

私たちはすべてグラデーションのどこかに位置しているわけです。どこからを異常とするのか？　これは絶対的なものではなく，相対的に決まってくるものと言えます。特性をもっていても，それが障害となるかどうか，すなわち，生活のしづらさをもたらすかどうかは，年齢や生活環境によって変わりうると言えます。このような事情により，グレーゾーンという言葉が用いられるのではないかと思います。

一般的な用語として，グレーというのは，クロとは言い切れないがシロかというと疑わしいとき，といった使い方をされるように思います。たとえば，サスペンスドラマをみていると，登場する人物がどれも犯人のように思えることがあります。家族でみていると，犯人は同僚だ，親戚の叔父だ，いや，じつは友人だ，と意見が割れることもあるでしょう。実際は，クロかシロか（犯人かそうでないか），真実はひとつです。初期捜査の段階ではグレーですが，捜査が進めばおのずとクロかシロかが明らかになります。

しかし，医療機関（診断の場）で用いられるグレーはそれとは意味が異なります。上記で説明したように，特性は認められるけれども，箱にピッタリ分類されるかというと現段階では何とも言えない，というニュアンスで使われることが多いと思われます。

【コラム】　診断は何のために？

発達の在り方に関して，大多数がこのような発達の仕方をするという意味での「定型」，定型ではない発達の仕方という意味での「非定型」という言葉が用いられます。そして，「定型」と「非定型」は明確に区分されるものでなく，次元的（dimensional）にとらえられると考えられています。これまで述べてきたように発達は多面的なものです。発達障害は複数の要因が蓄積された結果であり，「診断（diagnosis）」は，その結果が閾値（＝診断に必要なレベル）に達したときになされるものと言えるでしょう。

「障害」が環境との出会い方によると考えると，症状の現れ方は固定したものではなく，状況によっては，閾値下（＝診断に必要なレベルに達しない）になることもありえます。しかし，症状が診断閾値下となっても，治った（＝特性がなくなった）と考えるのではなく，精神的健康の維持や増進のためには特性への配慮が重要といえるでしょう。

精神的な健康を考えたときに，二次障害の問題があります。本田（2016）は診断を二次的な問題の予防のためといっています。発達障害と発達特性についてわかりやすく示しているのが図１-６です。

まず，ｄは，ごく弱くでも発達障害の特性を示す群です。これを「発達特性群」としています。そのなかでもａ＋ｂは「狭義の発達障害群」，これは典型的な発達障害の症状を示し，そのために社会不適応を呈している群です。ｃは「併存群」で，特性は弱くても（診断閾値下のレベル），抑うつや不安などのメンタルヘルスの問題を抱え，不登校，ひきこもりなど二次的な問題を呈している群であり，「狭義の発達障害群」と「併存群」の和集合（ａ＋ｂ＋ｃ）が「広義の発達障害群」と考えられ，ケアが必要な群と言えます。この図のｄの領域にいる人は，発達特性がありながらも社会適応している人たちで，世の中にはそのような人たちはたくさん存在しています。本田（2016）は，狭義の発達障害群（ａ＋ｂ群）以外のｃ群やｄ群にいる子どもたちを早期に発見し，早期に介入することで，成人期に発達特性は残るが社会適応できる状態になるよう支援することが目標であると述べています。

子どもの場合，支援の目指すところは，障害特性をなくすことではなく，自尊心を損なうことなく，その子らしく成長することです。そのためには，診断名にとらわれず，早期から特性をふまえ，その子にあった接し方を家族や周囲の人たちが継続していくことが大切と言えます。成長の途中で，診断をえる場合もあるでしょう。診断をえることで使えるサービスなどもあります。それらを活用して，より自分らしく安心して生活していけること，すなわち，適応した生活をしていくことができます。

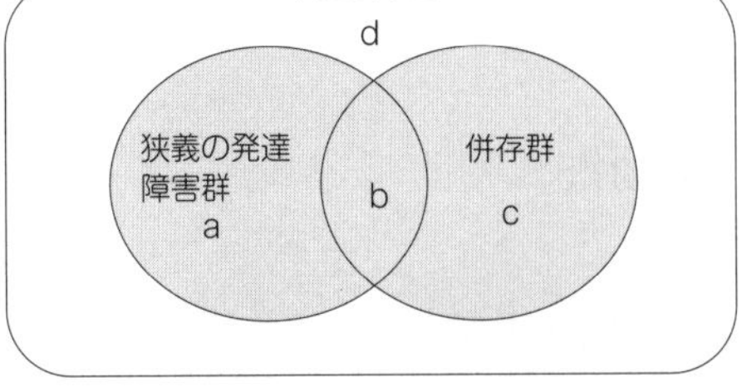

図１-６　発達特性の有無と発達障害との関係

出所：本田，2016：7。

私が相談室でお会いする方のお話をうかがっていると，「グレーゾーンと言われた」というのは，知的能力が高いことで適応できている（ようにみえる）場合，子どもの年齢が小さく診断を保留したいと思われる場合，情報が不十分ではっきりと診断できない場合などがあるように感じます。

一方，「グレーゾーン」という用語は使わないという医師もいます。私の個人的な印象ですが，児童精神科で発達障害を専門にしている医師は「グレーゾーン」という言葉を使わない方が多いように思います。知的能力が高くても特性ゆえに困っている子どもはいますので，知的能力の軸だけではなく，適応の状態をみる，また，情報をきちんと聴取し，適切な発達検査などを組み合わせることで診断しています。

あるお母さんは，育てにくいわが子に悩み，発達障害を疑い，医療機関を受診したところ，「あえていえば，グレーゾーンですね」と伝えられ，発達障害ではないだろうか？　と重ねてたずねたところ，「お母さんはお子さんを障害者にしたいのですか？」と言われたそうです。そんなつもりでたずねたわけではなかったのに……と思ったのと同時に，では，母親の私が努力すればこの子はグレーからシロになるのだろうか，もし，うまく育てられなければ，私のせいでこの子はクロになるのだろうか，と不安になったと言っていました。その医師が伝えたかったことは違うことだったのかも知れませんが，このようにずれて伝わることもあるのです。グレーゾーンとはやっかいな表現だと思います。もし，グレーゾーンと言われたら，勇気をもって一歩突っ込んでたずねてみてください。「それはどういう意味ですか？　この子はどういう特性をもっているのでしょうか？」と。お子さんを理解するために専門機関をうまく活用していただきたいと思います。

Episode 4 のヒデくんは，対人関係に困難さがあるようです。言葉を知っていてもそれをコミュニケーションに用いること（嫌なことをされたときに「やめて」といえる，遊びたいときに「遊ぼう」「入れて」と声をかけるなど）が難しいようです。診断をするかどうかは別として，子どもの発達の特性をきちんとアセスメントして伝えることが専門職には求められるといえます。また，保護者も専門機関にそのようなことを求めてよいのです。

1-7．発達の多面性

発達ときいて，どのような動きを想定するでしょうか。大学生に「発達のイメージを図で描いてみてください」という課題を出したところ，様々なイメージ図が出てきました（図1-7）。

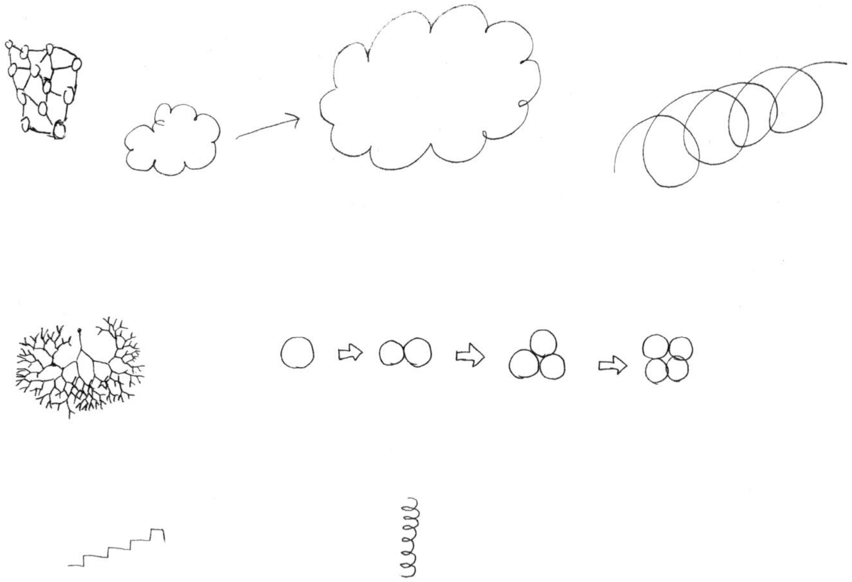

図１－７　大学生の発達のイメージ

出所：筆者撮影。

最近の赤ちゃん研究から，赤ちゃんの素晴らしい能力が解明されてきています。赤ちゃんは歩いたり言葉を発したりすることができないころから，五感の働きをフルに活用して，周囲の刺激を受け取り，周囲と積極的に関わっています。発達心理学者のピアジェ，J.は０～２歳を「感覚運動期」と名づけましたが，この時期の子どもは身体で様々なことを学んでいます。何でも口に入れるのも，食事中に食べ物やスプーンを床に落としたりするのも，親にとっては頭の痛い行動ですが，赤ちゃんにとっては学習であり，感覚を使って学んでいるのです。歩行が可能になる年代になると，子どもの世界は拡がります。

たとえば，３歳の子どもがお母さんと公園に行ったとします。そこで，お母さんを安全基地にして，探検が始まります。公園のなかを自由自在に歩き回るなかで（運動面の発達），てんとう虫をみつけ（認知・認識の発達），それをお母さんにみせようと思い，つかもうとしたら飛んでいってしまった（社会性・感情の発達）。それをみた子どもは「いっちゃった」とお母さんに伝えに行きました（言語の発達）。たったこれだけの動きのなかで，子どもはたくさんの経験，発達をしているのです。

障害児の臨床に長く携わってきた宇佐川（1989）は，子どもを理解するための発達的視点についてその著書で論じていますが，そのなかから２つを紹介したいと思います。少し長くなりますが，長い臨床実践のなかから出てきた示唆に富んだ視点と感じているので引用します。

ひとつは「発達の構造性」です。「発達は直線的・連続的上昇過程ではなく，螺旋的構造的上昇過程ととらえるべきである。（中略）発達はヨコの系のエネルギーが蓄積され，内的矛盾のふくらみをもった時に爆発し，発達のタテの系すなわち構造的質的転換がなされるものと考えられる。こうした考え方に立てば，発達を援助するとは，必ずしも上へ上へと引っぱりあげることとは限らない。今いる発達段階を横にふくらます，ヨコの系を大切にしたアプローチも，結果的には構造的な質的転換をもたらすために重要なものである」（宇佐川，1989：27）。

もうひとつは「発達の全体性」です。「発達の全体性というと，認知，微細運動，粗大運動，言語，身辺生活，情緒，社会性など，ありとあらゆる視点を網羅し，できる限り詳細に記述することに力が注がれる場合がある。しかし，重要なことは，その記録から子どもについての何が読みとれるかである。（中略）そのためのキーワードとして『からみあいをみる視点』をあげることができる。あることができるようになったことと，他の行動が獲得できたこととどのようにからみあって発達してきたか，認知能力が高まったことと，対人関係が発達したことと，どのようにからまって発達してきたのか，といった視点が，ヒトとしての全体性を理解することの糸口になるのではないか」（宇佐川，1989：30）。

就学前の自閉スペクトラム症と診断された子どもを対象に遊びを通したセラピーをしているとき，よくこの2つのことを感じます。セラピストとの関わり行動（たとえば，セラピストと共同で遊ぶ，セラピストにできたものをみせる，視線を合わせて楽しむなどの人と関わる行動）と遊びのレベル（たとえば，ブロックを積み上げるだけのシンプルな組み合わせ遊び，ブロックで家をつくるなどの複雑な組み合わせ遊び，ブロックでつくった飛行機が空を飛んだり，ビーズを食材に見立ててスープをつくったりするなどの象徴遊び）をみているのですが，遊びのレベルをあげようとするとセラピストとの関わり行動が少なくなってしまいます。関わり行動を維持しながら遊びを拡げようとする際には，遊びの段階をあげることばかりを目指すのではなく，今の子どもの遊びのレベルのまま，遊びの幅を拡げるようにしていると，あるとき，ぽんとひと段階遊びのレベルがあがります。または，同じ遊びを繰り返しているなかでもバリエーションをつけるようにしていると，関わり行動に変化が起きたりします。これには「タテの系」と「ヨコの系」の絡み合いという言葉がぴったり当てはまります。

また，ある中学生の自閉スペクトラム症と診断された子どもは，友人関係で悩んで不登校となりました。友達の反応がうまく読めずにイライラすることが多く，それでも友達がたくさんいるのがよい，みんなとうまくやりたいと思って，葛藤した結果の不登校でした。それまでは，表面上は適応していた（適応しているようにみえていた）ので，当初は親も担任も驚き，できていたことができなくなった（退行した）と受け取りました。確かに，毎日登校し，友達とやり取りし，それなりに課題をこなしていた日々から，学校に行かず，家でパソコンばかりして昼夜逆転している生活，親には反抗的な言葉を投げつける様子は後退したようにもみえます。しかし，そのような時間を過ごすなかで，自分というものをみつめ，1年後には，自分なりの友達付き合いをみつけました。自分に合った友達をみつけ，自分に合った距離感で付き合うという新しいスタイルを獲得したのです。これも，対人関係の発達（自分なりの友達付き合いの獲得）と，認知発達（自分の在りようをふりかえる力の獲得）との絡み合いの結果といえるでしょう。

親や先生は幼稚園や学校という集団生活が始まると，様々なことができるようになってほしいと願います。たとえば，自分の物を管理する（忘れ物をしない，自分の物を落したら拾う，他人の物を借りたら返すなど），自分の気持ちをコントロールする（かんしゃくを起こさない，友達を叩かない，嫌なことがあったら言葉で伝えるなど），他者と協働する（相手を思い遣る，話し合う，順番を守る，ゆずるなど），先生の指示に従う，といったことがあげられるでしょう。これらの行動ができるようになるには，様々な力が育っていることが必要です。

発達の凸凹のある子どもの場合，生活年齢相応に，もしくは生活年齢以上に育っている力もあれば，生活年齢を下回る力もあります。そのため，育っている面だけをみて「できるはず」と思い込むと子どもは困ってしまいます。できているところもあれば，今はできないこともあるという視点をもつことが大切です。また，子どもは安心できる環境のもと，自分のペースで確実に成長していくことも忘れないでいたいと思います。成長の道筋やペースは一人ひとり異なっているのですから。

Episode 5　なくしものの多いカオルちゃん

カオルちゃんは小学校2年生の女の子です。なくしものが多いのがお母さんの悩みでした。筆箱に鉛筆を5本そろえて入れておくのですが，1週間が終わるころには1～2本しか残っていないのです。教室には落し物箱があります。そこに，カオルちゃんの鉛筆が入っていることもありますし，床に落ちていることもあります。先生がときどき「この鉛筆誰のですか？」と声をかけるのですが，カオルちゃんは気がつきません。

カオルちゃんはどのような発達をしている子どもなのかを考えてみましょう。

カオルちゃんは何かに夢中になると，鉛筆のことは忘れてしまうのです。また，一度に複数のことに注意を配分することが苦手です。計算ドリルや漢字など勉強はよくできるのですが，身のまわりのことに気を配ることはあまり得意ではないのです。シャツはスカートのなかに入れるように何度言っても，シャツがはみ出していることもあるそうです。お母さんは女の子なのに恥ずかしいと思わないのか，不思議だと話していました。

これを発達の視点から考えてみましょう。身のまわりのことに気を配るには，意識を複数のことに向ける，他者からみられているという視点をもつことができる，自分が今していること・これからしようとすること・前にしていたことのつながりをもって考えられるなどの能力が求められます。それらに苦手なところがあれば，たとえ，知的能力が高く学習が進んでいても生活力はそれほどないかもしれません。そんなときは，叱るのではなく丁寧に教える，今できないことは手伝う，といった工夫や配慮が必要です。

1-8．発達をみていくための３つの軸

発達は多面的であり，また相互作用があると述べてきましたが，発達は複雑なプロセスで，全貌をつかむことはとても困難ですし，考えていると頭がこんがらがってきてしまいます。本書の目的は目の前の子どもを理解すること，育ちを支援することを目指しているので，視点を整理していきたいと思います。

ここでは３つの軸を紹介します。認識（理解力）の発達，関係（社会性）の発達，注意や行動をコントロールする力の発達です。

滝川（2012：69）は，精神発達（＝身体的な発達に対する心の発達のこと）は「周りの世界をより深く，より広く**知っていくこと**（認識の発達）」と「世界とより深く，より広く**かかわっていくこと**（関係の発達）」からなると述べています（強調筆者）。「認識（recognition）」とは，「意味を通して概念的にものごとをとらえ分けること」と説明されています。「理解の発達」や「知的な発達」ともいわれるもので，たとえば，親や先生の言うことを理解したり，求められる課題をこなしたりする力です。「関係の発達」とはまわりの人たちと関わっていく力の発達です。たとえば，自分の気持ちを伝えることや相手の気持ちを受け取ることなどのコミュニケーションを通して対人関係を築いていく力，自己や他者の理解を深める力の発達と考えてよいでしょう。この２つの力は相互にささえ合いながら発達しています。滝川（2012）はそれを図１-８で示しました。

つまり言葉や因果関係の理解が発達することで関係性の理解や調整が可能になる，関係

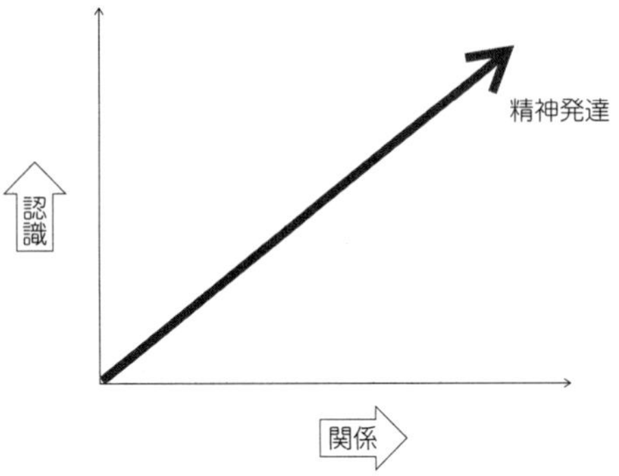

図１－８　精神発達の２つの輪

出所：滝川，2012。

性が発達することでやり取りするための言語や全体と部分を統合する力が発達すると言えます。たとえば，本書21ページの公園に遊びに行った親子の例で考えると，

○点々がついている面白いものみつけた，これって虫の仲間かな？（＝認識の発達），お母さんにみせよう（＝関係の発達）。
○お母さんが「テントウムシだね，かわいいね」と自分に話しかけてくれたのに注意を向けて一緒にその虫を眺める（＝関係の発達），子どもは，これは「テントウムシ」っていう名前なんだ！　と認識する（＝認識の発達）。

といった具合です。

この２つの軸と発達の凸凹を考えてみましょう。たとえば，自閉スペクトラム症の子どもは関係の発達がゆっくりと進みます。状況の理解や相互のコミュニケーションが苦手です。文字言語やイラストなど視覚的なツールを使うことでコミュニケーションしやすくなりますが，その場での会話やテーマが定まらない雑談は不得手です。

知的障害の子どもは認識の発達がゆっくりとなります。通常学級に在籍する子どもたちのなかには知的障害（基準としては IQ：知能指数が70以下）ではないものの，平均を下回るボーダーライン IQ（おおよそ85くらい）の子どもがいます。社会性の発達が良好であれば，友達もいて適応的に学校生活を送っていますが，抽象概念が学習の中心となる小学校４年生以上になると学習についていくのに苦労するようになります。

学習面の問題でいえば，全体的な認識の発達に問題はないけれど，「特異的に」読み・書き・計算のいずれかが困難となるため，学習に支障が出る学習障害という範疇に入る子どもたちがいます。

また，先に２つの軸をあげましたが，３つ目の軸として，注意や行動のコントロールの力の発達があります。この軸に困難さがあるのが ADHD の子どもたちです。

注意や行動のコントロールの力も年齢と共に発達していく力です。表1－1（本書16ページ）のADHDの診断基準をみてください。たとえば，「課題または遊びの活動中に，しばしば注意を持続することが困難である」「静かに遊んだり余暇活動につくことがしばしばできない」というのは，幼い子どもであればよくみられる行動です。幼少期の子どもではこれらの行動にはとても幅があります。保育園や幼稚園に行ってみると，静かに遊んでいる子もいれば，走りまわっている子もいるでしょう。先生の話をききながらもぞもぞと動いている子どもも少なくありません。しかし，おおむね，小学校に入学するくらいになると，集団のなかで指示に従って自分の行動や注意をコントロールする力が備わってきます（でなければ，1学級30人前後で先生1人という構造で学習することが成り立ちません）。小学校に入っても，授業中に立ち歩いたり，おしゃべりがとまらないと問題となります。ADHDと診断される子どもには，授業中は座って先生の話をきくものだとわかっていても（＝理解していても），窓の外の刺激に気を取られて動いてしまう（＝行動のコントロールが難しい），友達が鉛筆を落とすとそちらに気を取られて先生の話を聞き逃してしまう（＝注意のコントロールが難しい）ことが起こります。

1－9．特性と脳の問題

先ほどご紹介したヒューム＆スノウリング（2016）の本では，認知発達の障害（発達障害）を説明する3つのレベル――生物学的レベル・認知レベル・行動レベル――について記述されています。認知レベルとは，情報を受け取り処理すること，行動レベルとは目にみえる行動のこと，そしてそれらをささえる生物学的レベル，たとえば，神経伝達物質の働きや脳の機能があるというモデルです。

たとえば，私は今，パソコンで文字を打っていますが（行動レベル），以前読んだ本やこれまであった誰かの発言を思い出したり，それをある概念にまとめたりしています（認知レベル）。目にはみえませんがその活動をするのに，私の脳内ではたくさんの電気信号が飛び交っています（生物学的レベル）。このように発達障害の症状を説明するのにもこの3つのレベルで考えていくと対応の工夫がみえてきます。ADHDの場合で考えてみましょう。ADHDは注意や行動のコントロールがうまくいかないために，不注意，多

動・衝動性という行動特性を示しており，それは脳の機能の成熟の問題と関わっていることがわかっています。

ADHD の場合脳のなかのどのような回路がうまく機能していないのかについて，現在では２つの仮説が有力とされています。ひとつは実行機能系回路の障害です。実行機能とは，私たちが自分の行動の計画を立て，途中で予期せぬ出来事や，思い通りに行かないことが起こったら，修正をしながら，最終的に課題をやり遂げる，という能力です。

たとえば，夕飯の支度をしている場面を考えてみてください。今，夕方の５時です。今日はカレーライスをつくろうと思っています。ご飯を炊くのに時間がかかるから先に炊飯器をセットします。カレーをつくり始めたら，じゃがいもがないことに気づきました。今日は，じゃがいも抜きで，にんじんと玉ねぎと鶏肉のカレーにしようと変更します。野菜を切って，お鍋に入れ，煮込み始めたところで，ピンポーン，玄関のチャイムの音がしました。宅配便の配達です。印鑑をもって受け取ります。封筒の中身は注文していた雑誌でした。そうそう，これをとても楽しみにしていたのだった，今すぐ読みたいけれど……。あ，そうそう，お鍋を火にかけていたことを思い出して，台所に戻ります。カレーが完成して，夕食までの時間に雑誌を読もうと決めます。

といった具合に，「夕飯のカレーを完成させる」には，途中いろいろな刺激が入ってきますが，やるべきことを忘れずそこに戻れることが必要です。見通しを立てる力や，柔軟に修正する力も必要です。何かを最後までやり遂げるためには，様々な力を使っていて，私たちの脳のなかはつねに活動しているわけです。

実行機能の障害があると，そのために最後までやり遂げられないことが起こります。たとえば，朝起きて，着替えをしているときに床にあるマンガが目に入り，つい読み始めてしまった，気づいたら登校時間を過ぎたのに着替えもランドセルの支度も終わっていない，となったりすることがそうです。

もうひとつの仮説は報酬系回路の障害です。この回路は，人の脳において欲求が満たされたとき，あるいは満たされることがわかったときに活性化し，快の感覚を与える働きをします。たとえば，この仕事をやり終えたらボーナスが出るとわかっていたら，遊びに行きたいと思っている気持ちを抑えて，仕事をやり終えてボーナスをもらってから遊びに行こうと考え，やる気が起こるでしょう。このように長期的な報酬を志向した行動に関わる回路といわれています。

発達心理学の面白い実験があります。４歳の子どもを机といすだけの部屋に通します。机の上にはお皿があり，マシュマロがひとつのっています。実験者は「私はちょっと用がある。それはきみにあげるけど，私が戻ってくるまで15分の間食べるのを我慢したら，マシュマロをもうひとつあげる。私がいない間にそれを食べたら，2つ目はなしだよ」と言って部屋を出ていきます。さて，子どもたちはどうするでしょうか。ひとり部屋に残された子どもたちをビデオカメラで観察したところ，最後まで我慢して2個目のマシュマロを手に入れた子どもは，3分の1ほどであったそうです。個人差もありますが，将来より大きなごほうびをえるために，目の前のごほうびを我慢する，「待つ」力も発達するものといえます。ADHD の子どもの場合，「順番が待てない」などの行動の背後には報酬系回路の発達も影響しているのではないかという仮説です。

このように脳の働き方という視点をもつと，できないことがあったときに，努力不足とか，愛情不足とか，やる気の問題というだけの発想はなくなるでしょう。脳の機能が影響している部分もあるのです。問題行動を示している子どもは，「困った」子どもではなく，「困っている」子どもなのです。特性を把握し，必要なサポートをしていきたいものです。そうすることで，子どもたちは安心して自分の脳にあった発達をし，自分らしく育っていくことができるでしょう。

1－10. 障害か個性か

ここまで，人は一人ひとり異なっていて，「わたし」という存在はかけがえのない存在であること，発達の在り方は多様であること，脳の働き方も人それぞれであることを述べてきました。では，発達障害は「障害」といわなくても「個性」としてとらえればよいのでしょうか。ここでは「障害」か「個性」か，という議論について考えてみたいと思います。

自閉症の専門家である Prizant（2015）はその著書 *Uniquely Human : A Different Way of Seeing Autism* のなかで，自閉症を理解することについて次のように述べています。

> （自閉症を理解するときに）チェックリストで問題行動があるかないかだけをみていると，理解するべき個人としてではなく，解決されるべき問題をもった人として扱うことになってしまう。それでは，その個人のものの見方や体験の仕方を無視することになり，尊厳をもってその人をみることができなくなってしまい，状況は改善しない。大切なことは深く掘り下げること，なぜその行動が起こるのか，背景に何があるのか，そのことによってよりよい適切で効果的な対応をしていくことができるのだ（Prizant 2015：17，筆者訳）。

テンプル・グランディンさんは先にご紹介した自伝的ドラマ *Temple Grandin* のなかで自閉症であることについて「異なっているが劣っているのではない（different not less)」と言っていましたし，ある ADHD の研究者は「違いを愛おしむ（cherish the difference)」と述べていました。このように発達の在り方の違いについて，劣っていると考えるのではなく，異なるものとして尊重するという考え方を本書でも強調しておきたいと思います。

では，その違いは個性と言ってよいのか？　となると，そうシンプルにはいきません。私は，発達障害をもつ当事者が「これは私の個性のひとつです」というのはまったくかまわないと思います。しかし，支援する側が個性というべきではないと考えます。個性にすることもできるけれども，実際にはその特性ゆえに生活のしづらさを感じ，苦労する場合が多いからです。Prizant（2015）は，「自閉症の子どもを援助するのにもっとも大切なことは何か？」という問いに，「両親や教育者ができるもっともよいことは，**適切なサポートをしながら**（自閉症の）子どもを世界に送り出すことである」（強調筆者）といっています。また「自閉症に限らずすべての子どもにとって当たり前のことだが，自らの可能性を開かせ成長していく子どもは，様々な体験にさらされることでそうなっていくのだ」と述べています。自閉症やその他の発達障害があることで，外の世界に出ていくと困難も体験するでしょう，しかし，外の世界に出ていくことで成長するチャンスが増えるのです。社会のなかでぶつかったり，傷ついたりすることもあるでしょう。しかし，それは発達障害があってもなくても同じです。

子どもが育つチャンスを得られるような環境に放り出すことを恐れてはいけません。一方，忘れてはならないのは，個性として育っていけるためにはサポートが必要であるということです。個性という言葉で片づけられたために，サポートがえられず苦労することのないように気をつけなければなりません。十分な配慮やサポートがある環境で様々なことにチャレンジしていく，その結果として「個性」と言える状態になるのではないでしょうか。

1-11. 平等？　公平？

個性か障害か，これは，1-6で説明した障害概念とも通じます。図1-3（本書12ページ）にあるように，障害は環境との出会い方でした。心身の機能にうまく働かないところがあったとしても，「活動」をさまたげないように環境を調整できたら，「障害」という状態ではなくなるという考え方でした。ですから，同じ特性をもっていても，障害になるかならないかは状況によりますし，支援のニーズは人によって異なるといえます。

発達に凸凹があっても，その特性を活かして生活している方もいます（図1-6，本書19ページのdに含まれる人たち）。そのような状態にあれば，特性は障害ではなく個性となるでしょう。そのような状況を目指して，子どもたちが失敗も含めて安心して様々な経験ができるよう見守っていける，必要なときには必要な支援が提供できる，そのような社会になるとすべての人が暮らしやすいでしょう。

そのための支援をすることは，特別扱いなのでしょうか。学校生活の支援に関わっていると，ときどき「ひとりだけ特別扱いはできません」と先生から言われたり，他の子どもたちから「不公平だ」という意見が出たり，子ども自身が「みんなと違うことはしたくない」という場面に出会います。「公平性」ということについて，次のWork 1で考えてみたいと思います。

Work 1

ある動物園で，トラの双子の赤ちゃんが生まれ，親子の触れ合う様子が来園者に公開されました。お母さんに甘えたり，双子がじゃれあっている様子はかわいらしく，評判となりました。近所の小学校の3年1組では遠足でその動物園に行き，翌日の図工の時間に絵を描くことになりました。トラ舎の前にはちょっとした柵がありました。背の低い子は中をみることができません。動物園では子ども用に踏み台が用意されていました。Aくんは背が高く，踏み台は必要ありません。Bさんは踏み台が1つあればみることができます。Cくんには踏み台が2つ必要でした。左のイラストはみんなが踏み台を1つずつ平等に使っています。右のイラストは，Aくんはなし，Bさんは1つ，Cくんは2つ使っています。それぞれが必要なだけの踏み台を使うことで，トラの親子を観察することができました。Cくんが2つの踏み台を使うことは不公平，特別扱いでしょうか。

出所：https://buzzap.jp/news/20141111-equity-vs-equality をもとに筆者作成（あべまれこイラスト）。

Ｃくんが２つの踏み台を使うことが「公平」ということです。３年１組の子どもたちがみんな「動物園でトラの親子を観察する」という活動に参加できる，そのために必要なだけのサポートをえて初めて，全員の置かれている立場がフェアになるといえます。

発達障害のある子ども，発達に凸凹のある子どもについても同じことです。何らかの機能がうまく働かず，そのために負荷がかかりすぎているのであれば，それは不公平です。活動する環境を整えたうえで，チャレンジしてもらいましょう。たとえば，書字障害（字を書くことが困難）という障害がある場合，ノートをとるのに大変なエネルギーを使います。先生の話をきくとか，問題について考えるどころではなく，書くことに９割のエネルギーを使わないといけないとしたらどうでしょうか。それはとても大変なことです。板書する労力を減らして写真で撮ることを認める，パソコンの持ち込みを許可する，ノートは後でコピーして渡す，などの環境調整があって初めて，「授業をうける」という活動にみんなと同じように取り組めるのです。

私たちは，自分の軸で相手を判断し，理解しようとします。そのほうが楽だからです。しかし，そもそも発達は多面的でバリエーションがあるのです。最初は混乱するかもしれませんが，つねにそのような発想をしていると生きていくうえでのヒントが増えて，もっと楽になれると思うのです。

第2章

困っている子を支援するためのヒント

2-1.「困った子」ではなく「困っている子」

最近，大人の発達障害がクローズアップされるようになったせいか，大人になってから何らかの発達障害と診断された方と相談室でお会いする機会が増えました。ある30代の女性は，大学卒業後，就職したもののうまくいかず，転職を繰り返し，その間，何度かうつ病で休職をしていました。何度目かの主治医から，自閉スペクトラム症＋ADHD（不注意優勢型）と診断されました。彼女は，ご自身の子ども時代をふりかえって，「たとえていうと，みんなで大縄跳びをしていて，入りたいのにうまくタイミングがつかめず入れない子ども，そんな感じだった」と語りました。ずっと生きづらさをかかえていたと言います。なかなか自分らしくいられる場所がみつけられず，苦しかったとも言っていました。生きにくさ，というのは，日々の生活のしづらさからもたらされているわけで，発達障害は生活障害といえるのかもしれません。

とするならば，発達障害のケアは，生活障害のケアと言い換えることができるでしょう。発達障害があり，生活するうえで「困っている」状態にあったとしても，生活が楽になる支援があれば生活障害を軽くしていくことができます。ここで大切なのは「有効な」支援です。

「困っている子ども」を支援するためには，「なぜその子は困っているのか」「どのように困っているのか」を知らなくてはなりません。適切な支援とは，もっている力を活用し，苦手な領域を補うという発想に基づくものです。そのためには，アセスメントを通して子どもを理解していくことが役立ちます。

ある新聞記事（『朝日新聞』2017年２月２日付朝刊）のことを思い出しました。聴覚障害のある早瀬さんが焼き肉屋に行ったとき，店員さんに身ぶりでメニューを頼んだら点字メニューをもってこられ，びっくりされたそうです。点字は目がみえない人にとって役立つもので，耳のきこえない早瀬さんには点字は不要であり，通常のメニューでよかったわけです。

この早瀬さんのインタビュー記事には後日談も語られており，とても印象に残ったのでご紹介しておきたいと思います。点字メニューをもってきた店員さんは，早瀬さんが「点字は目がみえない人のためのもの」と伝えたら，泣き出してしまったそうです。そして，食事の後に，「みえない人との区別ができなかった自分に悔しくて泣いた」と書いた手紙をもってきました。数年後，早瀬さんが監督をした映画の上映会で，手話の堪能な若者が『覚えていますか』と話しかけてきたそうです。その若者はあの

【コラム】　アセスメントとは？

「アセスメント（＝心理学的アセスメント）」とはどういうものでしょうか。似ているものとして，「診断（＝精神医学的診断）」という言葉があります。両者は，何らかのデータをもとにある人の状態に対して判断を下すという点では似ていますが，異なる機能をもっています。それは，次のような学問の在り方の違いと関連しています。

臨床心理学は広い意味での心理学的問題の解決の援助を目的とするため，「アセスメント」ではその人の心理的特徴を幅広く測定・評価します。一方で精神医学は病理である精神疾患を確定し，その治療を目的とするため，「診断」は病理の確定に絞られます。

たとえば，この本で対象としている発達に凸凹のある子どもの「アセスメント」では，その子どもがどのような発達をしているのかについて様々な軸から評価します。「診断」との大きな違いは，生活するうえでの不得手な面を評価するのと同時に，本人の得意とする面も評価することにあります。種々の検査や生育歴の聴き取り，家庭や園・学校での様子の聴き取りを通して，発達および適応の状態について総合的に評価します。アセスメントに基づいて，現在困っている問題をどう解決していくかを考えていきます。

焼き肉屋さんの店員だったそうです。

彼は早瀬さんと出会ったことがきっかけで，聴覚障害者への理解を深めたのでしょう。日常生活のなかで自分と異なる人と出会うことが他者への理解を深めることにつながり，障害者と共に生きる社会につながるのだと感じさせられた記事でした。

2-2．私たちは同じものを見聞きしているのだろうか？

生命科学者である柳澤（2002）の著書『いのちの音がきこえますか――女子高生のための生命科学の本』にこんなエピソードがあります。ある本に「朝食といわれるとテーブルの一部がうっすらと思い浮かぶ」という記述を読んで，柳澤さんはびっくりしたそうです。なぜなら柳澤さんには，「朝食」といわれると食卓の上，テーブルが置かれている部屋全体，さらにはお勝手までが鮮明な色つきの絵としてみえていたからです。「テーブルの一部がうっすらと思い浮かぶ」，そんなぼんやりとした記憶があるのかと驚いて，家族や知人に「朝食といわれると何が思い浮かぶか？」とたずねてまわったところ，程度の差はあってもみんながぼんやりとしたイメージを語り，柳澤さんのように鮮明な絵で記憶している人はいなかったそうです。つまり，同じものを見聞きしていても，私たちは一人ひとり違った受け取り――認知――をしているのです。

私も相談場面で似たような経験がありました。薬局での出来事が話題になったときのことです。語られる内容を理解しようと努めたのですが，どうにもうまく話がつかめません。情景の描写が細かいことに気づいたので，話されたことを紙に描きながら聴くことにしました。その結果わかったのは，その方は「自分の頭のなかに浮かんだ情景について語る」という方法で，そのときの出来事を伝えようとしていたことでした。先にご紹介したテンプルさんは「自分は視覚的に考える人だ」とその著書で語っていますが，その方もまさに「視覚で考える人」だったのです。多くの人は話したいストーリーがあるとき，伝えたい筋が聞き手に伝わるように，時系列で，ポイントを絞り，不要な部分は省略して話をします。しかし，その方の場合は，薬局の店内について，たとえば，入口から入ってカウンターがどの辺りにあるか，そこに何が置かれているかなど詳細に語るところから始まりました。相談のポイントは，処方された薬が合わなかったということだったのですが。

そのやり取りを通して私自身が大ざっぱにしかものをみていないことに気づきました。たとえば，「自転車ってどんな形だった？　描いてみて」と突然言われたら，ぼんやりとした形態しか浮かびません。タイヤが２つあって，ハンドルがあって……それくらいしか描けないと思います。テンプルさんやその相談者のように，視覚思考の持ち主は，写生しているかのように細かい部分まで描けるでしょう。実際，その方は，絵を描くのが趣味で，デッサンがとても上手でした。

他にも，相談室では，走っている車をみてすぐに「あれは××！」と車種を言える子ども，電車のデザインを細部にわたって再現できる子ども，エンジン音で車種を聞き分ける子どもなど，いろいろな子どもたちに出会います。同じものを見聞きしていても，違う世界を体験しているのかも知れないと思うと非常に興味深く感じます。私は彼らがどんな世界を体験しているのか知りたくて，話をききながら想像したり，教えてもらったりしています。

発達に凸凹のある子どもは，情報処理の仕方が異なっていることがあります。同じ状況にいて同じ体験をしているようにみえても，異なる受け取り方をしているかもしれません。次の Work 1 で考えてみましょう。

Work 1

ジュンちゃんが公園の砂場で遊んでいます。お母さんが「そろそろ帰るわよ」と声をかけますが，返事がなく，遊び続けています。さて，お母さんはどうするでしょうか？

お母さんがジュンちゃんの行動（返事をせず遊び続ける行動）をどうとらえたかによって対応は異なります。

たとえば，

①「きこえなかったのかしら？」と思えば

→「もう１度声をかけよう」とするでしょう。

②「またきこえないふりをしている……」と思えば

→厳しい言い方になるでしょう。

③「私のことを無視している，反抗的な態度だわ！」と思えば

→もっと厳しい言い方になるかもしれません。

ジュンちゃんにとっての真実と，お母さんにとっての真実がほどほどに一致していれば大きな問題は起こりません。しかし，大きくずれていたら？　たとえば，ちょうどトラックが通りかかり，ジュンちゃんにはお母さんの声がきこえていなかった，でも，お母さんは反抗的な態度だと受け取って厳しく叱ったとしたら？　ジュンちゃんはなぜそんなにお母さんは意地悪なことを言うのだろうと思うかもしれません。「お母さんはぼくのことが嫌いだからそんなことを言うのだ」と受け取って，そのことに反応して反抗的になるかもしれません。そうすると，最初は反抗的ではなかったのに，ずれたやり取りの結果として反抗的な態度を引き出す，ということが起こるかもしれません。

私たちの人間関係はお互いの思い込みのすり合わせで成り立っているのだと思うと本当に不思議な気持ちになります。大きな誤解がなく，ある程度の合意がえられていることは奇跡的とさえ感じます。

ちなみに，ジュンちゃんがお母さんの指示に従うためには，次のステップをクリアしていることが求められます。

Step 1．お母さんの声を音として聞き取ることができる
＝聴覚に問題がない＋雑然とした音のなかでお母さんの声を抽出できる。
Step 2．お母さんの声に注意を向けることができる。
＝お母さんの発言のタイミングに合わせて意識をそこに向けることができる，そして，自分に言われているのだと受けとめる。
Step 3．お母さんの意図を理解することができる
＝そろそろ帰る，ということが，今すぐ砂遊びをやめなさいという指示だと受け取る。
Step 4．自分の行動をコントロールすることができる
＝今している遊びを切り上げて次の行動に移ることができる。

このように指示に従うことには様々なステップをクリアしていることが求められます。発達に凸凹のある子どもは情報処理のプロセスが定型的な発達の子どもとは異なっているために，お母さんが考えるような情報処理ができていないことがあります。このように考えると，言うことをきかない「困った子」ではなく，指示に従うことに何らかの困難さをもっている「困っている子」であることがわかります。理解が進むとそれに合わせた対応の工夫が可能になるのです。

2-3．子どもの特性を理解する

第１章で述べたように，そもそも発達は多様なものであり，それぞれの特性は連続体になっています。連続体ということは，正常／異常がくっきりと分かれているのではないということでした。では，それをどのようにみていけばよいのでしょうか。

発達の特性を理解するためのツールはいくつも開発されていますので，専門機関でそれらを用いたアセスメントを受けるという方法があります。子どもの発達を専門にしている相談機関・医療機関を活用するのもひとつです。本節では，子どもの特性を理解するための視点を紹介します。

(1) 感覚の視点

ふだん意識していませんが，私たちは生活のなかで様々な刺激を受け取って自動的に処理しています。たとえば，サラダをつくるのにトマトを切るとします。右利きだとしたら左手でトマトが動かないように押さえ，右手で包丁をもって，ある一定の厚

さで切ります。そのとき，トマトの位置を目でみてとらえるのに「視覚」，トマトをおさえる左手から「触覚」，包丁でトマトを切るのにどのくらいの力をどの角度で入れていくのかを「固有受容覚（身体の動きや位置の感覚）」でとらえています。そして，実際に切りながら微調整しているのです。

歩いているときもそうです。物や人にぶつからずに歩道を安全に歩くのに，いろいろな刺激をキャッチし，情報を処理しています。道路や周辺情報をみて自分が歩くコース，障害物の有無を確認します（視覚）。歩いているときの足の裏からの感覚も伝わってきます（触覚）。さらに，右足や左足の動きも絶えず脳に送られていきます（固有受容覚）。また，まっすぐ立つ，障害物をかわすためには自分の身体の揺れや傾きの感覚もキャッチしていなければなりません（前庭覚）。このように，様々な感覚情報をキャッチして，統合して，調整することで，私たちの行動は成り立っているのです。

子どもの行動を理解する際のひとつの軸はこの「感覚」の問題です。感覚情報の処理の問題が日常生活に影響していることは少なくありません。感覚情報の処理について，岩永（2010：13）の著書にわかりやすい定義が紹介されているので引用します。「感覚処理とは，触覚，前庭覚，固有受容覚，視覚，聴覚，嗅覚，味覚といった感覚システムから入ってくる感覚情報をうまく取り扱うこと」です。感覚にはいろいろなものありますが，大きく分けると次の２つ，体の外で起きる情報を受け取る感覚（触覚，嗅覚，味覚，視覚，聴覚，いわゆる五感）と，体のなかで起きる情報を受け取る感覚（前庭覚，固有覚）があります。

自閉スペクトラム症の子どもの80％以上が感覚の問題をもっているという研究報告があります。自閉スペクトラム症の成人ではほとんどの方が感覚の問題があると回答していますが，当事者の手記から，どのような体験なのかを知ることができます。

テンプルさんは，音に対する過敏性が強かったといいます。「子どものころは，学校で始業や終業のベルが鳴ると完全におかしくなった。歯医者のドリルみたいに感じたのだ。決して大げさにいっているのではない。ベルの音をきいたら，歯医者のドリルで歯を削られているときに感じるような痛みに襲われるのだった」（グランディン　2010：101）。「ちくちくする服を着ると『火にあぶられている』ような気がする世界とか，サイレンの音が『ドリルで頭に穴を開けられている』ように聞こえる世界」（グランディン　2010：106）と書いています。

小道モコさんは，30歳を過ぎてから ASD（自閉スペクトラム症）と診断を受けた方です。モコさんは触覚過敏のことを次のように書いています。「私はタグのついた服がキライ。タグがあるとちくちくして無意識に体に力が入る。（それが原因で）肩，首，

【コラム】 前庭覚・固有覚

前庭覚とは，自分の頭の位置や身体の動き，バランスについての情報を，内耳を通して感じる感覚のことです。前庭覚が機能することで，姿勢を保つことや，自分の動きを感じる（どの方向に動いているのか，どのくらいのスピードで動いているのか）ことができます。

固有覚とは，筋肉や関節などを通して，自分の動きや身体の位置を感じる感覚のことです。姿勢を保つのにはどのくらいの力で腹筋や背筋に力を入れるのか感じ取ることが必要です。このように固有覚があることで，私たちは自分の身体を意識し，実感することができ，運動をコントロールすることができるのです。

たとえば，授業中椅子にまっすぐ座る，リレーでコーナーを転倒せずに走るなどの動きには，この前庭覚や固有覚が機能しています。

頭がビシバシ痛くなり，偏頭痛で寝込む」（小道 2009：34-36）。また，固有受容覚や前庭覚の問題については「何年経っても慣れない自分という容器。思ったより自分の腕が長かったり，思ったより自分の足が短かったり」（小道 2009：55）という表現で述べています。そのために日常生活のなかでよく転んだり，ぶつかったりするそうです。つまり感覚の問題は，鍛えれば克服できるというものではなく，感覚の問題が体調不良を引き起こすという問題に気づくことが大事と述べています。

モコさんは，ASD のことをひとりでも多くの人に理解してもらうことで ASD の子どもたちがのびのびと自分の翼を広げて成長していってほしいと願い，自分の体験を『あたし研究――自閉症スペクトラム　小道モコの場合』という本にまとめました。モコさんの体験を通して，ASD の子どもたちの感じ方を知ることができる本で，おすすめです。

感覚情報の処理に問題があることで，起こる反応として次のようなものがあります。

① 過反応

感覚刺激に対する反応が強くなります。たとえば，触覚が過敏で洋服のタグがあると着られない，給食の時間の食器のガチャガチャする音にイライラさせられる，リコーダーの音が不快で音楽室に入ろうとしない，などです。

② 低反応

感覚刺激に対する反応が弱いという状態です。たとえば，名前を呼んでも振り向かない，体育で怪我をしても痛みに気づかず訴えないなどです。

③ 感覚探求

感覚刺激に対する反応が弱いのは②の低反応と同じですが，こちらは感覚刺激を追い求める行動を取ります。たとえば，ピョンピョン飛び続ける，グルグル回り続ける，砂遊びをやめない，などです。

感覚の特性も次元的なもので，一人ひとり異なっていますし，体調や状況によっても感覚処理は変わります。疲れているときや体調が悪いときに，ふだんは何でもない音が耳触りになることは多くの方が経験されたことがあるでしょう。これら感覚の問題はストレスフルな状況ではさらに起こりやすくなります。感覚過敏のある子どもに我慢をさせるのは非常に酷なことです。それぞれの感覚の特異性を尊重して，つらくないように，安心して落ちついていられる環境をつくることを優先しましょう。

また，日本では授業中は静かに座っていることが求められますが，感覚処理の問題をもっている子どもの場合は，身体を動かしたり（貧乏ゆすりをしたり），鉛筆をかじったりすることで，集中力を保っている場合もあります。大リーグの中継をみていると，バッターボックスに立った打者がガムを噛んでいることがありますが，あれは感覚刺激を入れることで集中を高めているのだそうです。とするならば，課題や授業に集中するためには，動かないことを強制するのではなく，適切な形で感覚刺激を十分に入れるという対策が役立つ子どももいるでしょう。

感覚の問題は，本人は小さいころからその感覚で世界を受け取っていること，そして，周囲のみんなも同じように感じていると思い込んでいるために，あえて訴えないことがよくあります。たとえば，教室がざわざわしていて先生の声が聞き取れなかったり，音楽の時間にみんなが吹くリコーダーの音で痛みを感じるほどつらいなど，困っているのに，こういうものだと思っているので，「自分は感覚の問題があって困っている」と訴えないのです。あるお子さんは聴覚過敏があるため，長く教室にいると午後には頭が痛くなっていたそうです。しかし，みんなもこれを我慢しているのだから自分もがんばらなければいけないと思っていたといいます。行動を観察してみましょう。つらそうな表情や困惑した表情をしていたり，固まっていたりすることはないでしょうか。耳をふさいだり，逃げ出したりするなどのはっきりした行動で示す場合もあります。感覚に関するチェックリスト（たとえば，クラノウィッツ，2011）が載っている書籍もありますので，参考文献をみてください。

(2)　注意・集中の視点

子どもの生活のなかで，宿題をやる，作品を仕上げるなど，何か課題をやり遂げることが求められる場面は多々あります。そのときに求められるのが注意・集中する力です。

図2-1は注意の構成要素です。あるものに注意を向ける（FOCUS）→そのなかでどこに注意を向けるか選択をする（SELECT）→妨害する刺激があってもそこに注意

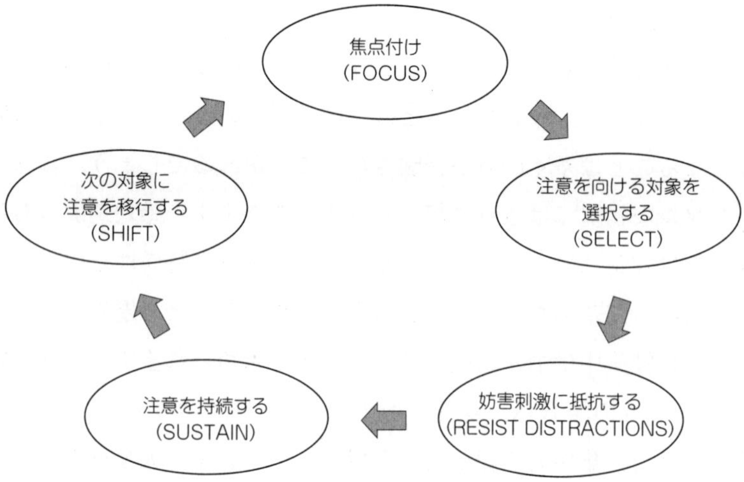

図２－１　注意集中のメカニズム

出所：筆者作成。

を向けないように抵抗する（RESIST DISCTRACTIONS）→一定の時間，注意を持続し続ける（SUSTAIN）→必要に応じて次の段階に注意を移行していく（SHIFT），のくり返しになっています。

ある日のイチロウくんの例で，注意・集中の問題がどのように影響するかをみてみましょう。

Episode 1　算数ドリルを最後までやれなかったイチロウくん

イチロウくんは小学生の男の子です。ある算数の時間，先生が「ドリルの13ページを開いてください。５つ問題があります。これを全部解いたら，先生の机にドリルを提出してください」と言いました。イチロウくんは算数が得意な男の子，「よし！　やるぞ！」と張り切ってドリルを開きました。このときには注意をドリルに向けることができました。ドリルにはペンギンのイラストが描かれていました。「お，このペンギンのイラストかわいいなぁ，これは皇帝ペンギンっていうんだっけ。いや，違ったかなぁ，皇帝ペンギンってどんな特徴があったっけ……」。イチロウくんはそちらに目がいってしまいました。そこに先生がまわってきて，「イチロウくん，質問がありますか？」と声をかけました。「おっと，そうだ，そうだ，ドリルやらなくちゃ」と思い出し，ドリルに取りかかりました。しかし，３問目まで解いたところで手がとまってしまいました。注意の持続時間が短く，５問やり終えるところまでいきませんでした。手がとまったイチロウくん，頭のなかでは「今日の昼休み，何して遊ぼうかなぁ……」と考え始めながら椅子を前後に揺らし始めました。後ろの子が，「おい，うるさいぞ」と消しゴムを投げてきました。「何するんだよ！」と後ろの子をポカンと叩いたところで，先生に叱られてしまいました。頭のなかに浮かんでくる別の考えや後ろの子の動きといった妨害刺激に邪魔されて，注意を元に戻すことに失敗してしまい，５問終えることができませんでした。

図２－１に沿って解説すると，算数ドリルの問題に焦点付け（FOCUS），取り組むべ

き1番目の問題を選択し（SELECT），イラストなどの妨害刺激には気をそらされず（RESIST DISTRACTIONS），ある一定時間，注意を持続しなければなりません（SUSTAIN）。また，1番目の問題が終わったら，2番目に移行します（SHIFT）。そして，また注意を維持し，妨害刺激に抵抗し……5番目までやり終えるまで注意・集中が続くことが求められます。

このように，何かを最後までやり遂げるには，焦点付けが適切にできる，たくさんある刺激のなかでやるべき刺激を選択してそちらに注意を向ける，妨害刺激があってもそちらに反応することを抑える，終わるまで注意を持続するという脳の働きが必要なのです。図2-1では説明されていませんが，日常生活のなかで，ときには2つ以上の刺激に同時に気を配らなければならないことも生じます（たとえば，先生の話をききながら重要な点をノートに書く，サッカーで味方の動きと相手チームの動きをみながらボールを蹴る，など）。これには注意を分割する（DIVIDED ATTENTION）働きが求められます。

最近の研究で，あるひとつのことがらに対して「注意」を向け集中を高めるために，雑多な刺激のなかから意味のある重要な情報だけを選別して感覚野から知覚野へ受け渡す「効率的選択」という脳のメカニズムが働いていることが明らかにされています。

たとえば，繁華街を歩きながら友達と雑談をしている場面を思い描いてみてください。まわりはお店の宣伝文句，流れてくる音楽，他の人々の話す声，車やバイクの音など様々な音にあふれています。私たちの脳は，そのなかで友達の声という自分にとって重要な情報だけを選んでその刺激を受け取り（感覚野），意味を理解したり記憶したりする領域（知覚野）に情報を送っているのです。だから，様々な音があふれているなかでも会話ができるのです（感覚・情報処理のプロセスは複雑で全てを解明できる理論はありませんが，行動の背景にあるプロセスを推察するという視点は大切です）。

「注意・集中」の機能には記憶の力，ワーキングメモリー（作業記憶）の力も影響します。ワーキングメモリーとは，いくつかの情報を頭のなかにとどめておいて作業する力です。トランプの神経衰弱を思い出してください。前の人がめくったカードの位置と数字を覚えておき，自分がめくったカードと合うものがどこにあるかを思い出さないとカードを取ることができません。まさにワーキングメモリーが求められるゲームです。

ワーキングメモリーについて，あるひとつの例をあげてみましょう。ある小学校2年生のクラスを見学したときのことです。担任が「今日の1時間目はプールです。机を後ろに下げて，教室で着替えて，プールバッグは棚に入れて，バスタオルだけもってプールサイドに集合してください」と指示して教室を出ていきました。さて，子どもたちはどうだったと思いますか。てんやわんやの大騒ぎでした。プールバッグをもっていくんだよ！　という子もいるし，バスタオルだけでいいんだよ！　という子もいるし，そこでああだこうだの大騒ぎ。机を下げているときに中に入っていたものが転がり出てしまう子や，どこに集まるんだっけ？　と友達にたずねる子もいました。

いくら注意してきいていても，ワーキングメモリーの容量によっては，一度にたくさんの指示を出されると覚えておくことが難しく，指示に従えないことがあります。先生が指示を板書してくれていたら子どもたちも動きやすかったことでしょう。

(3) 言語発達という視点

言葉の発達は乳幼児健診でも精神発達の指標として参考にされます。それは，言葉の発達には様々な発達が影響しているためです。また，「言葉の遅れ」は，幼児期の子どもをもつ親の相談内容としてよくあげられます。ここでは言語発達について考えてみたいと思います。

「言葉」の機能には，大きく分けて２つあります。「読む・書く」と「聞く・話す」です。

読んだり書いたりするのは主に文字言語（読み書きをするときに用いる文字という言葉）を使います。小学校に入ると，教科書を読んで学ぶ，先生が話したことや黒板に書かれたことをノートに書いて学ぶといった活動が本格的にスタートし，読み書きの力が求められます。以前，小学校１年生の教室に見学に行ったとき，子どもたちが喜んでひらがなを書いたり読んだりしている姿をみました。文字が書けるようになる，読めるようになるということは子どもにとってはとてもうれしいことなのだと改めて感じました。子どもが音読の宿題をとても嫌がる，ノートを取りたがらない（文字を書きたがらない）といった様子がみられたら，「やる気がない」「面倒くさがり」など気持ちの問題とだけ考えるのではなく，認知面の問題も検討してみましょう。「読むこと」「書くこと」に必要な情報処理のどこかに困難さをもっているかもしれません。

「読み」に困難のある子どもは，低学年のときは，何度も読む文章は暗記して「読んでいる」かのようにふるまいますが，実際は文字を読んでいるのではなく，暗記した文章をそらんじていたりします。そのため，語尾を変えて読んだり，新しい文章だとたどたどしくなったりします。「書字」に困難のある子どもは，文字が鏡文字になっていたり，部首とつくりが入れ替わっていたりします。また，練習した直後は書けても，時間が経つと忘れてしまう（覚えた形を思い出せない）という場合や，マスに収めて書くことが難しい場合もあります。いずれにせよ，子どもがどんなふうに困っているかを観察して，理解することが大切です。気持ちの問題と誤解して，叱ったりすることのないようにしたいものです。

Episode 2　漢字が苦手なタイチくん

タイチくんは小学校５年生の男の子です。担任は，理解力もあるし，クラスでリーダーシップも発揮するタイチくんが漢字のテストで点数が取れないのはやる気がないからで，そのうち本気を出せばやれるようになると思っていました。お母さんも最初はそう思っていました。が，あるとき，テスト前日に家でお母さんと一緒に漢字練習をして書けるようになったのに，翌日の漢字テストで10点を取ってきたわが子に驚いて，相談室に来られました。アセスメントの結果，書字障害をもっており，なかでも漢字の書字が困難であることがわかりました。タイチくんはひらがな，カタカナはクリアしていましたが，小学校３年生以降の漢字はほとんど書けませんでした。タイチくんはできないときは，わざとふざけた言動をとり，周囲にできないことを気づかれないようにしていました。これでは，担任がやる気の問題と思ってしまったのも無理のないことでした。検査の結果を本人，家族，担任と共有し，パソコンの使用を認めてもらうことにしました。タイチくんの場合は，パソコンで入力して変換されて出てきた文字を認識することには問題がなく，漢字の形を想起する（思い出す）ことに大きな困難を抱えている子どもだったので，その方法が役立ちました。

次に「聞く・話す」をコミュニケーションとしての機能という点から考えてみましょう。

Episode 3　友達関係が続かないヒロくん

ヒロくんは歴史が大好きです。歴史の話をしだすととまりません。まわりの友達が興味をもってきいているかどうかにはおかまいなし。お母さんは，友達をつくることはできても友達関係を継続することができないことを心配していました。新しいクラスになって友達ができても，１か月もすると友達がいなくなってしまうのです。

会話は双方向のコミュニケーションです。話し手と聞き手は適宜役割交替しながら，相手の発言を受けて会話が進んでいきます。ちなみに，コミュニケーションでは言語メッセージだけではなく，視線や声の調子，話すタイミング，身振り手振りなど，非言語のメッセージもやり取りされています。

ヒロくんはコミュニケーションの発達に問題があり，会話をすることが苦手な子どもでした。しかし，自分のペースで話すと

きには語彙も豊富で流ちょうに話ができるのでそうとは受け取られず，「わがまま」「自分勝手」と誤解されていました。ヒロくんには会話のキャッチボールのコツやルールをわかりやすく伝えることが支援として必要です。「相手の立場に立ってごらん」「自分ばかり話してはいけないよ」というアドバイスだけではどうすればよいのかわかりません。たとえば，自分が話をしたら，次に相手が何を話すかをきく，それから自分が話をするというように会話は交互に進むものであることや，相手が別の話題に移ったら，3回くらいはその話題について「いいね！」「へえ～」「○○はどうなの？」などその話題についてコメントをするなどのコツを具体的に教え，練習をすることが役立つかもしれません。

「話す」ことについては，自分の興味関心のある話題はよく話ができるものの，肝心なことを話すことができず困っている子どももいます。困っていることを相談する，自分の気持ちを伝えるなどができません。「聞く」も，表面的な「聞く」はできるのですが，文字通りの受けとめになり，そこにある相手の意図をキャッチすることが苦手で困っている子どももいます。

成人の例ですが，ある上司が部下のAさんについて，「Aさん，最近仕事を頑張っていてよいのだけれど，ただ，言い訳が多いのがねぇ……」とぼやいていたことがありました。

あるとき，Aさんが遅刻したので，上司が「なぜ遅刻したんだ」と声をかけました。すると，Aさんは昨夜寝るのが遅くなったこと，どうして遅くなったのかというその理由，そのため，今朝起きることが遅くなってしまったなど，延々と遅刻に至るまでの経緯を説明したそうです。Aさんは上司の言葉を文字通り受け取ったのです。「なぜ遅刻したのか」というセリフの「なぜ」を字義通りに理解し，「理由」をきかれていると受け取り，誠実に理由を答えたのでした。

ですが，上司が期待していた言葉は「すみません，以後気をつけます」という謝罪と今後に向けての反省でした。発言された言葉に含まれている意図をつかむことが難しいために，コミュニケーションにずれが生じます。このようなとき，ただ叱るだけでは本人も困惑するだけでしょう。普段の仕事の取り組みもよく，誠実なAさんがなぜ言い訳をするのか，上司も腑に落ちないことがあったため相談があり，誤解がとけました。

本節では，子どもの特性を理解するために，感覚，注意・集中，言語の3つの視点から考えてみることを提案しました。子どもが自分と同じ情報処理をしているとは限らない，子どもがどのような情報処理をしているのか理解したいという気持ちが支援のスタートです。なぜ子どもが問題行動を示しているのか，不適応行動となっているのかを知るためには，これらの視点をもちながら，行動を観察してみることが役立ちます。

説明できそうな年齢であれば，行動の理由をたずねてみてもよいかもしれません。ただし，以下の２点に気をつけてください。１点目は，責める口調にならないようにすることです。理解したいという気持ちで発せられた言葉であれば責める口調にはならないと思いますが，「なぜ」という問いは要注意です。たとえば，「なぜ片づけができないの？」という問いです。私たちは理由を知りたいときに「WHY（なぜ）」という言葉を用いますが，「なぜ片づけができないの!?」と叱るときの「なぜ」は少し異なります。おそらく，そのときは「WHY　NOT（なぜ～できていないのか，～すべきであるのに）」なのです。片づいているのが当然なのに，なぜ片づいていないんだ！というニュアンスになります。ここには非難の気持ちが入っています。理由をたずねるときは「WHY　NOT」ではなく，シンプルに「WHY」の気持ちでたずねましょう。

２点目は，「わからない」という答えが返ってきたらしつこく追及しないということです。困っていることの大半は自分でもよくわからないことが多いものです。また，困ってはいるのだけれど，うまく言葉で表現できないときもあるでしょう。本人にもしっかりつかめていないことを他人にわかるように表現するのは至難の業です。「わからない」と言われたら，「そうか，わかった（わからないことがわかった，という意味）」とその場はさらっと切り上げましょう。別の機会に違うたずね方をしてもよいですし，観察することでみえてくることもあります。「わからない」と答えて，「どうしてわからないの!?　自分のことでしょう！」と怒られたら立つ瀬がありませんし，「もう，いい！　話さない！」となりかねません。

以前，相談にきていた子どもと話をしていて，「どうしてそう思ったの？」とたずねたときに，「話したくない」といったので，「どうして話したくないの？」とたずねたら，「ほら！　そうやってどうして，どうして，ってきくでしょう。それが嫌なんだ。ぼくが何か答えたら，どうして○○なの？　ってまたきくんでしょ」と言われてしまい，そうだよなぁ……と苦笑し，ついうっかり質問攻めにしていた自分を反省して，気をつけるようになりました。

この２点を心にとどめていれば，たずねてみるのも悪くありません。そこから困難な点がわかり，対応のヒントがえられることもあります。先のＡさんの例のように，誤解だとわかれば，上司も伝え方を工夫することができるでしょう。

2-4．行動を観察する

「困った子」は「困っている子」であること，その背後にある特性が影響しているかも知れないことを述べました。子どもの特性を理解する視点について述べましたが，そのためには，「行動を観察する」ことが役立ちます。行動を観察することで特性がみえ，特性を知ることで行動を観察しやすくなります。ここでは「行動を観察する」ことを取り上げます。

(1) 行動をキャッチしよう

Work 2

「行動」とは何でしょうか。最初に，次の文章を読んで，「行動」に当てはまるものに○，「行動」に当てはまらないものには×をつけてください。

□1．ハナコは明るい娘である。
□2．ハナコは笑顔であいさつをした。
□3．ハナコは礼儀正しい。
□4．ハナコは乱暴である。
□5．ハナコは授業中立ち歩く。
□6．ハナコは嫌なことがあると友達をひっかく。
□7．ハナコは落ちつきがない。

（答え：1．×，2．○，3．×，4．×，5．○，6．○，7．×）

「明るい」「乱暴である」などはハナコの状態について記述していますが，行動については不明です。ハナコのどのような行動を見聞きして「明るい」と思ったのか，「乱暴である」と思ったのか，それを具体的に記述したものが行動になります。

ある行動ができるようになってほしい，ある行動をなくしたいと考えているのでしたら，まず，どの行動を変えたいと思っているのかを明確につかむ必要があります。変えたい行動のことを「標的行動（ターゲット行動）」と呼びます。では，Work 3 をやってみましょう。

Work 3

あなたが子どもの行動で変えたい行動を書いてみてください。

「標的行動」は，＿＿＿＿＿＿＿＿＿＿＿＿＿＿＿＿

上に書かれた行動は，次の条件を満たしていますか？
□その行動が10分，１時間，または１日のうちに何回起こるか数えることができる。
　または，その行動がどのくらいの時間続いていたかを測ることができる。
□その行動が起こったかどうかを，他の人でも正確に観察できる（みることができる・きくことができる）。
どちらの□にもチェックが付いたら，それは「行動」です。

「行動」とは，具体的なふるまいです。つまり，みることができる，きくことができる，数えること（何回起こったのか，何分続いたのかなど）ができるものです。さらに，変えようとするならば，標的行動は限定したほうが扱いやすくなります。たとえば，「テーブルマナーを守る」だと，座って食べることなのか，お茶碗に手を添えて食べることなのか，テーブルに肘をつかないことなのか，どの行動をターゲットにするのかがつかみにくくなります。限定していないと，観察していても見落とす可能性が出てきます。「食事中は椅子に座る」といったように，それ以上小さく分解できないような行動でとらえると扱いやすくなります。この行動をキャッチするは本書56ページの「行動を３つに分ける」のときにも使います。

行動をとらえることは自分の頭の整理にもなります。もし，あなたが，子どものことでとても悩んでいるとしたら，行動を書き出してみましょう。

Work 4

子どものどの行動があなたを悩ませているのでしょうか。書き出してみましょう。

私を悩ませている子どもの行動は，
・＿＿＿＿＿＿＿＿＿＿＿＿＿＿＿＿＿＿＿＿
・＿＿＿＿＿＿＿＿＿＿＿＿＿＿＿＿＿＿＿＿
・＿＿＿＿＿＿＿＿＿＿＿＿＿＿＿＿＿＿＿＿

(2)　行動分析をしてみよう

次に，その前後についても観察してみましょう。これは行動分析（A-B-C分析：A　状況〈Antecedent〉－B　行動〈Behavior〉－C　結果〈Consequence〉）とよばれるものです（図２-２）。

行動（B）には，必ずその前の状況（A）と，起こった後の結果（C）があります。その流れのなかで行動（問題行動）をみることで，対応のヒントがえられます。

たとえば，買いものに行ったスーパーでお菓子をねだるという行動を考えてみま

図2－2　行動分析
出所：筆者作成。

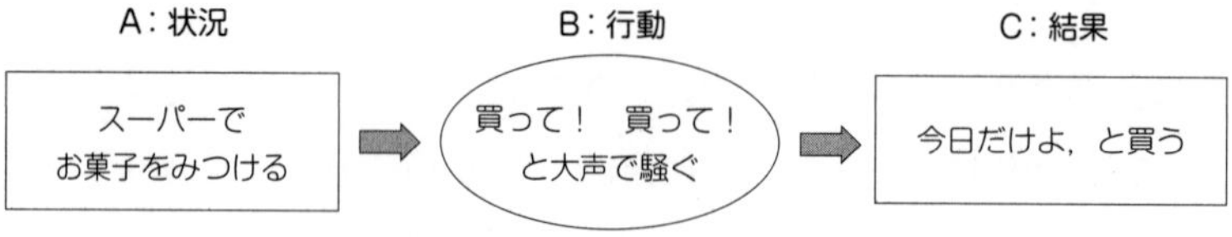

図2－3　行動分析（例：お菓子をねだる）
出所：筆者作成。

しょう（図2－3）。

「買って！　買って！　と大声で騒ぐ」のに対して，最初は「今日は買わないよ」「また今度ね」「お家にあるおやつを食べよう」と伝え説得を試みますが，なかなかいうことをきいてくれません。「お店のなかで騒ぐと他のお客さんの迷惑にもなるし，しつけができていないと思われると恥ずかしい」と思った親は，そこで，「今日だけよ」と買ってあげたという結果になりました。このように，行動（B）には必ず前後（AとC）があるので，それらを観察する視点をもつというのがポイントです。

では，このように行動を観察することで，どのように対応のヒントが得られるでしょうか。B「買って！　買って！　と大声で騒ぐ」行動を変えるにはどうするかを例に，２つのパターンを考えてみましょう。

①　A（状況）を変えることでB（行動）を変える

たとえば，「スーパーに連れて行かない」「お菓子売り場に行かない」というのがあります。欲しいお菓子を目にすることで「買って！　買って！」という行動が引き出されているので，そもそもその刺激を与えないというものです。または，「買いたいものをメモしておいて10分以内にスーパーから出る」というのもよいかもしれません。スーパーにいる時間が長ければ長いほど，お菓子を目にする時間も増えます（＝刺激にさらされる時間が長くなります），退屈するか疲れてきて子どもは我慢できなくなりやすいものです。疲労するとストレス耐性が下がります。

②　C（結果）を変えることでB（行動）を変える

図2－3にあるように「今日だけよ」と買うことで，その場はいったんおさまるでしょう。しかし，次にスーパーに行ったらまた騒ぐかもしれません。「大声で騒いだら買ってもらえた」ということを経験から学ぶと，「欲しいものがあると大声で騒いで手に入れる」という行動が学習されるかもしれません。B「大声で騒ぐ」を変える

ために，結果（「今日だけよ」と買ってあげる対応）を変える，つまり，異なる対応をすることで適切な行動を学習してもらおうという考え方です。ではどうするのがよいのでしょうか？　どのような結果（C）が子どもの行動を変えうるのでしょうか。これについては第３章で述べます。

2-5．行動の背後にある特性をつかもう――氷山モデル

第１章で述べたように，特性の違いは脳の働き方の違いです。私たちは日々様々な刺激を受け取り，脳のなかで情報処理をし，判断し，行動として表出しています。発達に凸凹のある子どもたちは，その情報処理のプロセスに特徴があります。

親や先生が目にするのは，表出された行動（言動）です。脳の働き方，情報処理のプロセスは目にみえないので，おそらくこうだろうと推察するしかありません。

２-４で述べた「行動分析」は保護者や先生方が子どもの行動をどう観察するかという視点を提供してくれるものでした。日々の生活のなかで起こっている行動をみていくことは対応や支援を考えていくうえでとても大切なことです。次に，この行動の背後にある特性をつかむということを考えていきましょう。これには氷山モデル（図２-４）で考えることが役に立ちます。もし，あなたの子どもが医療機関や相談機関に通っていて，何らかの検査を受け，特性（または障害）について説明を受けていたとしたら，そのときの話を思い出してみてください。特性をつかむのは専門家との協働作業になるでしょう。行動の背後にある特性をつかむことで，より子どもを深く理解することができます。

2-6．ペアレント・トレーニングって何だろう

これまで，子どもの特性を理解することを中心に述べてきました。ここからは親が子どもの行動に効果的に対応するための具体的な方法について述べていきます。

子育て（ペアレンティング）に焦点を当てたプログラムはたくさんありますし，書籍もたくさん出ています。今のご自身の状況やスタイルにあったものを参考にされるとよいと思います。本書でご紹介するペアレント・トレーニングは，行動変容理論（Behavior Modification）という考えに基づいて開発されたものです。

行動変容理論は，シンプルにいうと「行動は変えられる」という考え方です。行動分析のところでご紹介したように，行動が起こる前の状況，または，行動が起こった後の結果（対応）を変えることで，ターゲットとなっている行動を変える，という考

【コラム】 氷山モデルとは

氷山モデル（図2－4）は私たちの考えを整理するのに役立ちます。氷山モデルは，TEACCH*の創始者であるショプラーが提唱した考え方です。氷山は一部が水面に出ていますが，その大半は水面下にあります。水面に出ている部分が目にみえる行動，水面下にあるのが特性です。行動を変えたいと思うならば，水面下にある特性を理解しなければならないのです。

たとえば，授業中に教室を飛び出すという行動を考えてみます。「教室を飛び出す」，これが水面に出ているもの，目にみえる行動です。水面下は目にはみえませんが，様々な特性が影響している可能性があります。感覚の問題があって，教室のなかできこえる音に耐えられなかったのかもしれません。または，何をしてよいのかわからず困っていても，コミュニケーションの問題があって，「わからないから教えて」とたずねられず嫌になったのかもしれません，または，隣の子が声をかけてくれたのを意地悪と誤解して怒ったのかもしれません。または，新しい場所に慣れるのに時間がかかるために，その場所にいること自体が大きな不安を引き起こしていたのかもしれません。

このように「教室を飛び出す」という行動に対して，水面下で何が起こっているかによって，支援の方法は変わってきます。

＊TEACCH とは

Treatment and Education of Autistic and related Communication-handicapped Children（自閉症および関連するコミュニケーション障害をもつ子どもたちの治療と教育）の略。1960年代よりアメリカ・ノースカロライナ州立大学を基盤に実践・発展してきた自閉症の人たちやその家族，支援者を対象にした包括的なプログラムです。自閉症の特性理解を基本として，地域社会で共に暮らせるようなサポートを提供しています。最近では，核となる価値観を反映して，TEACCH（Teaching Expanding Appreciating Collaborating & Cooperating Holistic：自閉症に関する知識を共有し伝えていくこと，自閉症の人や家族に対してエビデンスのある質の高いサービスを提供するためにその知識を拡げていくこと，自閉症を正しく理解しその強みを尊重すること，我々同僚・ASD の人や家族・地域の人々が共同して協力すること，その人自身や家族や地域を包括的にとらえることを重要と考えること）と言っています。

図2－4　氷山モデル

出所：筆者作成（あべまれこイラスト）。

えに基づいています。

わが国では，ペアレント・トレーニングはADHDのトリートメント（治療法）として報告されたのをきっかけに，実践が拡がってきました。現在では，発達障害の子どものケアに加え，地域における子育て支援や虐待予防など，様々なところで活用されています。2016年には日本ペアレント・トレーニング研究会が設立されました。研究会ではペアレント・トレーニングの目的を，次のように掲げています。「ペアレント・トレーニングとは，保護者や養育者の方を対象に，行動理論の技法の学習，ロールプレイ，ホームワークといったプログラムを通して，保護者や養育者のかかわり方や心理的なストレスの改善，子どもの発達促進や不適切な行動の改善を目指す家族支援のアプローチのひとつです」（https://parent-training.jp/ 2018年５月30日アクセス）。

ペアレント・トレーニングに関する書籍のうち，おそらくもっともわが国で読まれたであろう１冊が，2002年に翻訳された『読んで学べるADHDのペアレントトレーニング――むずかしい子にやさしい子育て』です。私も翻訳に携わったのですが，これは（当時）国立精神・神経センター精神保健研究所児童思春期精神保健部（以下，児童部）で取り組んでいたADHDの臨床研究の一環として翻訳されることになったものです。1990年代の初め，まだ日本でADHDがほとんど知られていなかったころに児童部で取り組んでいたテーマがADHDでした。相談室にやってくる子どもたちは，元気で屈託がなく，（欲求のままに動き回るという点で）子どもらしい子どもでした。しかし，親はじっとしていないわが子と向き合う日々に疲れ切っていました。危ないので目が離せない，言うことをきいてくれないのでつねに叱ってばかりになるなど，手がかかるのに加え，周囲からは愛情が足りないのではないか，しつけができていないのではないかなどと指摘されることも多く，親自身がストレスを感じながら子育てをしていました。そのような現状を知り，ADHDをもつ子どもがその子らしく育つことをささえるには，日々子どもと接している親を支援することが必要と考えたのです。

さて，『読んで学べるADHDのペアレントトレーニング――むずかしい子にやさしい子育て』の著者であるシンシア・ウィッタムさんについて少し紹介したいと思います。彼女はソーシャルワーカーで，長く発達障害の家族の支援をしています。カリフォルニア大学ロサンゼルス校（UCLA）にて1970年代半ばからスタートしたというペアレント・トレーニングのクラスは現在も続いています。

私は2001年にUCLAで研修を受ける機会をえたのですが，そのときのクラスの楽しい雰囲気は忘れることができません。児童部では1999年からテキストを頼りにペアレント・トレーニングのグループを始めていましたが，当初，シンシアさんのクラスのような楽しい雰囲気はありませんでした。何が違うのだろうか。私が３か月間，シンシアさんのクラスに参加してわかったことが２つありました。１つ目は，シンシアさんの人柄です。彼女はもともと女優を志していたというだけあって，ロールプレイ（実際の場面を想定し，様々な役割を演じさせて，問題の解決法を考えていく学習法）での演技がコミカルで楽しいのです。加えて，彼女自身の子どもが ADHD であったこともあり，これまでの子育ての工夫が演技にちりばめられていました。２つ目は，クラスの目標は「小さな成功（small success）をみつけること」にあるというのが徹底されていたことでした。シンシアさんには，参加者への敬意がつねにありました。彼女のセッションは，難しい子育てにチャレンジしている保護者への共感と励ましに満ちていました。小さな成功をみつけ共に喜び，うまくいかなかった場合でも取り組んだことを称賛し，次のチャレンジを励ましていました。

１つ目は，演技の才能に恵まれていない私には難しいと思いましたが，２つ目は私にとって目からウロコの発見でした。なぜなら，それまで，いかに効果的な養育スキルを参加者に教えるか，いかに参加者がそのスキルを使えるように課題を進めるか，そればかりを考えてグループを運営していたからです。それ以降，私はつねに「小さな成功（small success）」を心にとめています。参加者の小さな成功を一緒にみつけること，そして，参加者がわが子の小さな成功をみつけられるようになることです。できないことはいくらでもみつけられるのですが，できていることをみつけるのは意外と難しいものです。しかし，これまで実践してきてわかったことは，練習とふりかえりを積み重ねることで，できるようになるということです。できれば一緒に取り組む仲間がいると継続できるように思います。

この本を読んで，紹介されているスキルを試してうまくいかなかったとしても，ご自身を責める必要はありません。そのスキルが合わなかっただけかもしれません。また，本に書いてあるのは原則的なことです。あなたの子どもにはさらにちょっとした工夫やコツが必要なのかもしれません。その場合は専門家と一緒に協働で行うことをお勧めします。皆さんが「小さな成功」をみつけることができ，子育てがほんの少し楽なものになりますように。

第3章

ペアレント・トレーニングで学ぶスキルを試してみよう

基礎編

表3-1 ペアレント・トレーニングで学ぶ主なスキル

□ 行動を3つに分ける
□ ポジティブな注目（ほめる）をする
□ 注目を取り去る・注目の使い分け
□ 子どもの協力を引き出す（指示の工夫）
□ 子どもの協力を引き出す（行動チャート）
□ 制限を加える（警告とペナルティの使い方）
□ 園・学校との連携

出所：筆者作成。

ペアレント・トレーニングのプログラムは実施機関により若干の違いはありますが，おおむね，全10回から構成されています。そして，子どもに対応するコツとして，表3-1にあるスキルを学んでいきます。目指すのは，「知識を学ぶ」だけではなく「スキル（技）を身につける」ことです。これは，自動車の運転や料理のようなものです。料理の本を読んだだけではシェフにはなれませんし，マニュアルを読んだだけで運転できるようにはなりません。自分でやってみて，感覚をつかんでいき，マスターするには練習あるのみです。そのため，ペアレント・トレーニングでは宿題の実践と報告，話し合いが重視されます。まず，課題をやってみる，そして，どうだったかをふりかえり，またやってみる，その繰り返しを通してスキルを身につけていきます。ですから，この本を読まれたら，実践してみること，記録をつけること，誰かとシェアしてふりかえることをお勧めします。

ここではペアレント・トレーニングで使っている子どもへの対応のコツのなかでも，基礎となる4つのコツ，①行動を3つに分ける，②ポジティブな注目をする，③注目の使い分けをする，④指示の工夫をする，を中心に取りあげます。

3-1．行動を3つに分ける

まず，子どもの行動を，「好ましい行動」「好ましくない行動」「許しがたい行動」の3つに分類します。行動とは具体的なもので，見えるか，聞こえるか，数えられるか，といったものでした（2-4を参照)。

子どもの行動で「好ましい行動」は何ですか？　「好ましい行動」とは，今子どもがしている行動のなかで，増やしたい行動，あなたが好きな行動です。できるようになってほしい行動ではありません。子どもの行動を観察して「好ましい行動」をみつけてみましょう。すでに十分できている行動でもそれが「好ましい行動」であればOKです。「好ましくない行動」とは，できれば目にしたくない行動，あなたが好きではない行動です。「許しがたい行動」とは，何度言っても言うことをきかない行動，または人や物を傷つける行動です。では，実際にやってみましょう（やってみよう1）。

子どもの昨日の1日をふりかえって書いてもよいですし，これから1週間の行動を観察して書いていくのもよいでしょう。ここでは「書き出してみる」のがポイントです。頭のなかにあるものを紙に書きだすことで，物理的に距離ができます。こうして客観的に眺めることで子どもの行動の特徴や自分の困っているポイントがみえやすくなります。

やってみよう１
行動を３つに分けてみましょう

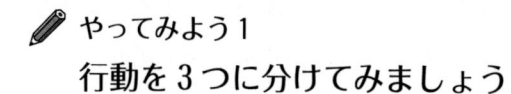

子どもの行動にはどのようなものがあるでしょうか？　次の表のように３つに分けてみましょう。

行動とは，見たり，聞いたり，数えたりできる具体的なことです。

好ましい行動・ 増やしたい行動	好ましくない行動・ 減らしたい行動	なくしたい・許しがたい行動 （人を傷つけるなど）

ペアレント・トレーニングのグループで「行動を3つに分ける」シートを次回までの宿題としたときのことです。2週間後のセッションで，参加者から次のような報告や感想がありました。

○「これって，私の価値観ですよね？」
→そうなのです。子育てには親の価値観が入るのです。「好ましい行動」「好ましくない行動」は英語では「Like Behavior」「Dislike Behavior」，つまり，「好き」「嫌い」です。「良い行動」「悪い行動」ではないことを心にとどめておきましょう。子育てをしていると，「悪い行動」は修正して「良い行動」をさせたいという気持ちで子どもの行動をみてしまいがちです。しかし，親が「良い行動」と思ってほめる行動は，親が「好ましいと思っている行動」なのです。このように，「これは私の価値観なのだ」という視点があることで少し心にゆとりがうまれるのではないでしょうか。グループで実施すると，それぞれの価値観に触れることができるため，参加者の視点が自然と拡がるのがわかります。
○「書いていて気づいたんですけど，この『好ましくない行動』，これはうちの子の障害特性からくるものですよね。これがなくなったらうちの子，自閉症じゃなくなりますよね！」
→障害の特性からくる行動であっても，ある行動を親が「好ましくない行動」と思えばそこに書き込んでよいのです。ただ，「好ましくない行動」に障害特性が影響していることに気づいたら，親の認識が変わることでしょう。子どもにどこまでの行動を要求するのが妥当だろうか，「好ましい行動」にするためには必要な工夫は何だろうか，それらを考えることで子どもに対して現実的な対応が取れるようになります。

その他にも，「困った子だとばかり思っていたけれど，2週間観察してみたら，意外と『好ましい行動』もみつかって，悪い子じゃないんだなと思えたのがうれしかった」という発見があった方もいました。

逆に，「『好ましい行動』をみつけるのが大変だった」という感想をもつ方もいました。どんなふうに大変だったのかをうかがってみると，「好ましい行動」として取りあげた行動が，「言われなくても自分から宿題をした」「（今までできなかった）なわとびができた」など，めったに起こらない（出現頻度が少ない），素晴らしく頑張った行動でした。「好ましい行動」はお母さんが好きな行動（Like Behavior）です。めったに起こらない素晴らしい行動も「好ましい行動」ですが，それだけではなく，すでにできていることでも，どんな些細なことでも「好ましい行動」に含まれます。下記のPoint 1 を参考にしてみてください。

Point 1 「好ましい行動」って？

○「おはよう！　とあいさつをした」
→朝，挨拶してくれると気持ちがよいですね，挨拶は人間関係の基本です。
○「夕食の準備をしているときに『おはしを並べて』と言ったら並べてくれた」
→自らやらなくても頼めばやってくれる，それでも助かります。
○「文句を言いながらでも片づけをした」
→これはどうでしょうか。文句をいうのは好ましくないとしても，片づけをしたところに注目し，好ましい部分をみつけられます。

3-2．ポジティブな注目をする

(1)　注目のパワーについて

人が健やかに生きていくうえで，食事や睡眠が必要なのと同じくらい，他者からの注目は必要です。たとえば私が幼稚園を訪問すると，子どもたちが「みて，みて」と近寄ってきます。「みて，これね，折り紙でつくったんだよ」「私はこれつくったんだよ」「ぼくはこれだよ」と次々にみせてくれます。休み時間には鉄棒で前回りをしてみせてくれる子もいました。他者からの注目は，子どもたちにとってうれしいことなのです。自分ができたことの満足感もありますが，それを他者に認めてもらうことでさらに喜びは大きくなります。学芸会でもそのような場面がみられます。みんなから拍手をもらい「すごいね！」と言われて，子どもはとても誇らしげな表情をみせます。逆に，「シカト（無視）」といういじめ，虐待の一種であるネグレクトなど，必要な注目がえられないことは人を傷つけるものになりえます。

さらに，他者からの注目は，自分は他者から注目されるに値する存在であるという感覚につながり，自尊心を培うベースとなっていきます。これは人が幸せに生きていくうえで大切な感覚です。自分は大切な存在であると感じられることで，困難なことにも挑戦しようという意欲もわきますし，誰かの援助を受け入れることもできるのです。自尊心が育っていないと，どうせ無理，自分にはできない，とチャレンジする前からあきらめてしまいます。誰かに手伝ってもらいたいことがあってもできない自分を受け入れることができなかったり，人に迷惑をかけることが気になりすぎて，上手に人に頼ることができなくなります。

他者からの注目のパワーは子どもにだけ効果があるわけではありません。大人にとってもそのパワーは威力を発揮します。たとえば，あなたがイメージチェンジをしようと思って，美容院に行き髪型を変えたとします。帰宅した家族から何の反応もなかったらがっかりするでしょう。「似合うね！」と言われたらうれしいですし，そうでなくても「あ，髪を切ったんだね」と気づいてもらうだけでもうれしくなることでしょう。または，夕食に新しいメニューをつくって食卓に並べたとします。食卓についた家族が無言だったら？　せっかくつくったのに無反応だと悲しくなりますね。「お，これは新メニューだな」とか，「すごくおいしいね，どうやってつくったの？」などと反応があると，また新しいメニューに挑戦しよう，おいしいものをつくろう，という気持ちになるでしょう。人が心を満たされながら生きていくうえで，他者からの注目はいくつになっても必要なものなのです。

たとえば，あなたがこれまでに出会った上司や教師を思い浮かべてみてください。そして，そのなかで最高の上司・教師を選んでください。さて，最高の上司・教師はどんな人でしたか？

おそらく，最高の上司・教師は，あなたのことをよくみていたのではないでしょうか。的確な指示やアドバイスがあり，そして，あなたが頑張ったときには認める声かけをしてくれた，そんな上司・教師のもとで，あなたのやる気は引き出され，仕事や勉強に力を発揮されたことでしょう。

注目のパワーについて，実感していただけたでしょうか。ペアレント・トレーニングではこの注目のパワーを活用します。

(2)　注目には２種類ある

注目には２種類あります（図３-１）。「走っちゃダメ！」「プリント忘れたの？」などのネガティブな注目，「手伝ってくれてありがとう」「静かに待ってるね」「計算ドリルやってるね」などのポジティブな注目です。どちらも子どもの様子をみているからこその発言ですから，注目には変わりないのですが，注目された側の気持ちは異なります。

これはネガティブな注目（注意，叱責など）をしてはいけないということではありません。ただ，一般にネガティブな注目は，特に意識しなくてもしてしまいやすいのです。おもちゃを出しっぱなしで片づけていない，廊下を走っているなど，できていないことを目にすると，注目のアンテナがピピっと動きます。それに比べてポジティブな注目は，よほど素晴らしいことでない限り，気づきにくいように思います。そのため，ポジティブな注目をしようと思ったら，最初は意識して挑戦することがコツです。そして，図３-１にあるように，バランスとしては，ポジティブな注目がネガ

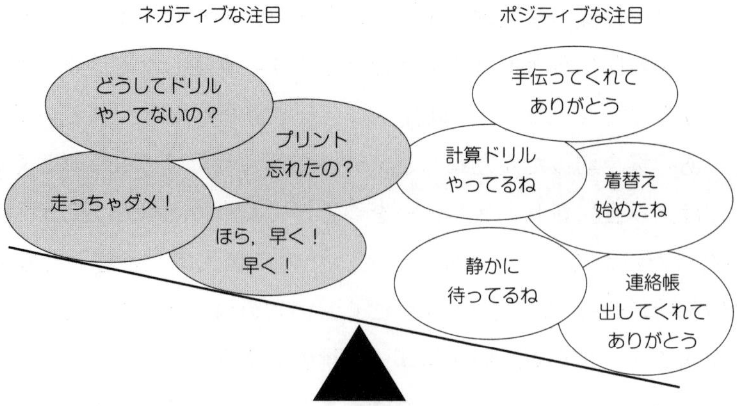

図3-1　2種類の注目

出所：筆者作成。

ティブな注目よりも多くなるように心がけてみましょう。

(3) 知識ではなくスキル！

ポジティブな注目をする，これは知識ではなく，スキル（技）です。つまり，知っているだけでは不十分で，練習して身につけないと使えるようになりません。

たとえば，私は運転免許をもっていますが，長くペーパードライバーでした。最近になってときどき運転しているのですが，車庫入れがとても苦手です。バックするときには，毎回，ハンドルをこっちに切ったら，タイヤはこういう向きになるから，車はこっちに曲がるんだと考えながら運転しなくてはバックができません。車の運転ができる人はいちいち考えてハンドルを切ってはいないでしょう。身体の一部になっていて，車の動きに合わせて自然とハンドルを微調整しているのだと思います。子育てのスキルもそれと似たようなところがあります。

ほめることが大切と認識していることと，日常生活のなかでほめることが実践できるということは必ずしも一致しません。ほめ下手な人が，知識をえたからすぐにほめ上手になれるとは限りません。もし，あなたがほめることが苦手だとしても，「私はほめる才能がない」と心配する必要はありません。「ほめる」は才能ではなくスキルなのです。実践しないとスキルは身につかないのです。苦手でも練習することであなたらしいほめ方ができるようになります。これには，練習あるのみです！

(4) ポジティブな注目（ほめる）はなぜ大切なのか

「子どもをほめることが大切です」とよく言われますが，それはなぜなのでしょうか。ペアレント・トレーニングのなかでは，ほめることは次のように考えられています。

【コラム】 ほめることと文化

ほめること，これには文化的な要素も影響しています。日本の文化には，黙ってよいことをやる，それに対して黙って認める，という無言の美学のようなものがあると思います。そのような文化的な土壌のある日本で生まれ育った私たちは自分自身がほめられて育っていないので，ほめることに不慣れなように思います。それに気づいたのは米国にペアレント・トレーニングのプログラムを学ぶために滞在していたときでした。米国では日常の会話のなかに，他者を認める言葉がよく使われていました。日常生活にほめ言葉が溶け込んでいるといった感じです。たとえば，ディスカッションの場で，誰かが発言したことについて，ちょっとしたことでも，「あぁ，その意見は面白いね」「それはよいポイントだね」と必ずポジティブなコメントがされていました。また，子育て（ペアレンティング）に関するリーフレットには「101のほめ言葉」というのがありました。はたして，あなたはほめ言葉を101個も考えつくでしょうか，以前，私も同僚とやってみたことがあったのですが，がんばっても10個くらいしか出てきませんでした。

しかし，ほめられてうれしいのは洋の東西を問わないでしょう。UCLA でペアレント・トレーニングのプログラムを長く実践しているシンシアさんと雑談をしていたとき，突然，彼女が「トモミ（私）はドクターK（当時の上司）にほめられたらうれしい？」とたずねてきました。「もちろんうれしいですよ」とこたえると，「それならこのプログラム（ペアレントトレーニング）は日本でもうまくいくわ」と言いました。

この本を読んでくださっているあなたはほめられたらうれしいでしょうか？　ほめられたことはありますか？　自分はほめるのが下手と思う必要はありません。日本で生まれ育ったあなたにその経験が少ないだけです。練習してスキルを身につけましょう。

Point 2　ポジティブな注目の効果

ポジティブな注目（ほめる）は，次のことがらを改善するのにもっともパワーのある方法です。

1．子どもが指示に従いやすくなる。
2．子どもが自分に自信をもてるようになる。

この2点について，具体的に説明してみたいと思います。

1．子どもが指示に従いやすくなる。

これは親子関係が改善されるためです。いつも注意されてばかりの関係と比較して考えてみましょう。たとえば，上司からいつも注意されていて，上司は自分のことを認めていないのだなと感じている状況にあるとします。そのような関係のなかでやる気が起きる確率と，ふだんから上司に評価されていると感じているなかで指示をされたときにやる気が起きる確率，どちらが高いでしょうか。または，近所の方とよい関係ができているなかで何か頼まれごとをするのと，関係が悪いなかで頼まれごとをするのと，人はどちらの方が協力的に動こうと思うでしょうか。

親子の場合もそうです。ふだんから「ほめる，認める」などのポジティブな注目をされていると，指示をされたときに従おうという気持ちに動きやすくなるでしょう。そして，子どもが指示に従ってくれると，またそれを「ほめる」ことができます。

2．子どもが自分に自信をもてるようになる。

これがとても大切なことです。たとえば，文字が書けるようになった，それは子どもにとってうれしいことですが，それだけでなく，そのことを一緒に喜んでくれる他者の存在がいることで，そのうれしさは一層増します。自分にとって大切な存在——多くは生活を共にする家族のことが多いと思われますが——から，ほめられ，認められると，自分は大切な人から注目され，認めてもらえる存在であるという実感につながります。そういった体験を重ねることで，自分は他者から気にかけてもらえる価値ある存在だ，大切な存在だ，という感覚（＝自尊心）が育ちます。

人間は社会的動物であると言われています。ライオンのような鋭い牙や爪，シカのような脚の速さではなく，集団をつくり，知恵を寄せ集めることで生き延びてきました。必然的に，社会性（対人関係）の力を発展させてきたのです。つまり，「困ったときはお互い様」で助け合って生きていく道を選んだ生き物なのです。

心理学の用語で「対人援助要請力」という力があります。シンプルにいうと「人に助けを求める力」です。私たちは子どもに「人に迷惑をかけないように」「人に頼らないで自分で」ということがあります。もちろん，自分で頑張ることも大切な力ですが，それと同じくらい，対人援助要請力も大切です。自立の条件のひとつは，「人に健全に頼ることができる」ということです。

さて，「対人援助要請」をするには何が必要だと思いますか？　それは，自尊心です。自分は他者から助けてもらうべき価値のある存在だと感じられることで，人に頼れるようになります。自分の存在に価値を認められる子どもは「できない」自分を受け入れることができ，「手伝ってくれる？」「助けてくれる？」と他者に援助を求め，他者の援助を受け入れることができます。子どもをほめることで，対人援助要請力のある子どもに育てましょう。

次の Episode 1 は，あるお母さんが半分冗談のつもりで，お話しされたことです。

Episode 1　うちの子は片づけが苦手，でも……

うちの子は片づけが苦手なんです。何度言っても，脱いだものは脱ぎっぱなし，食べたお菓子の袋はそこに置きっぱなし。でも，最近，こう思ったんです。

彼は，バスケットボール部のなかではよい友達もたくさんいて，それなりに人望もあるらしい。『そうか！　この人柄を活かして育てていこう！　そうしたら，うちの子にも，私の代わりに脱いだものを洗濯機にいれて，食べたお菓子の袋をゴミ箱に入れてくれる彼女がみつかるかも』って。あなたのゴミを捨てたいといってくれる彼女，あらわれないかなぁ。

この発言のポイントは，苦手なことを無理やりやらせるのではなく（教えるという意味で伝え続けるとしても），得意な面を活かしていくという視点も大切とお母さんが考えたことです。片づけが苦手でも，「自分は片づけが苦手だから助けてね」と言うことができる，手助けしてもらったことに感謝できることができれば，生活はしやすくなります。また，もしかしたら10数年後，ガールフレンドができる年ごろには，ゴミ捨てができるようになっているかも知れません。発達に凸凹のある子どもも発達していきますが，苦手な面はゆっくり発達します。少し長い目で見守っていきましょう。

3-3．ポジティブな注目をしよう——ほめ方のコツ

それでは，ここで具体的なほめ方を学んでいきましょう。

Point 3　ほめるのは，次の３つのとき

1．３つに分けた行動のうち，「好ましい行動」をしたとき。
2．親が頼んだことをしてくれた，もしくは，しようとしたとき。
3．行動に何らかの改善が認められたとき。
（パーフェクトを待ってはいけません。少しでもできているところをみつけてほめましょう）

１については「行動を３つに分ける」（本書56ページ）で子どもの行動を３つに分けましたが，そのうちの「好ましい行動」をしたときにポジティブな注目（ほめる）をします。たとえば，「着替えをした」という行動が「好ましい行動」であれば，「着替え始めたね」とほめる言葉かけをします。

２については自分から始めたことでなくてもよいのです。親が頼んだことをしてくれたとき，それが「好ましい行動」であればポジティブな注目をしましょう。たとえば，「洗濯物をたたんでくれる？」と頼んだらたたむのを手伝ってくれたことに対して，「たたんでくれてありがとう」とほめます。

３については「好ましい行動」をし始めたら，ほめましょう。たとえば，「着替えをする」が「好ましい行動」だとしたら，着替え終わってからほめるのではなく，着替え始めたところでほめる声かけをします。着替え終わるまで行動が続く子どもであれば，着替え終わってからほめてもよいのです。しかし，最後までやり遂げるのが苦手な子どもがいます。その場合，パーフェクトを待っていては（＝着替え終わるまで

待っていたら)，ほめ損なってしまいます。着替えを始めたのはよかったのだけれど，途中でマンガを読み始めて……。結局，「いつまでマンガを読んでるの！　さっさと着替えなさい！」と叱ってしまった，ということになりかねません。100%着替え終わってからほめるのではなく，行動し始めているときをとらえてほめましょう。少しでも改善がみられたら，つまり，100%ではなく25%のところでほめる，これをこの本のなかでは「25%ルール」と呼ぶことにします。

次に，具体的なほめ方のコツについて，6つのポイントを解説します。

Point 4　ほめ方のコツ

1．視線：視線をあわせて，もしくは，子どもが振り向くのを待って。
2．身体：子どもに近づいて。
3．声：穏やかな明るい声で。
4．感情：感情をこめて。ほほえんで，肩に手をあてる，軽く抱きしめる。
5．内容：簡潔に，しかし，どの行動をほめているかを明確に伝えること。
6．タイミング：よい行動が始まったらすぐに！　25%ルール。

1と2については，「注目しているよ」ということが子どもに伝わるための工夫です。何か他のことに気を取られやすかったり，離れたところから話しかけられると自分に向けられた言葉であることに気づきにくかったりする子どもには有効です。

近くに寄って，子どもの目線で「○○ちゃん，手を洗ってるね。ピカピカになったね」などと声をかけるとより伝わりやすいでしょう。

3と4については，注目をするときに，「ポジティブな気持ちで，ほめているんだよ」ということが伝わるための工夫です。他者の気持ちや意図に気づきにくい子どもには特に必要ですが，そうでなくても，ポジティブな感情がともなっているとうれしさが倍増することまちがいなしです。

とはいうものの，親子関係がうまくいっていないときに，心から子どもをほめるなんて無理，と思われる方もあるでしょう。それは人間として当たり前の反応です。良好な関係であれば，スムーズに笑顔でやり取りできますが，そうでない場合には難しくなるものです。では，どうすればよいのでしょうか。コツは「演技でよい」ということです。先述のシンシアさんは「アカデミー賞主演女優賞を取った女優になった気

分で！」とユーモアを交えて話していました。

ある方は，「正直に言うと，子どものことがかわいいと思えないし，こんなことできて当たり前なのに，と思ってしまって……『感情をこめて』なんて無理です」とため息交じりにおっしゃいました。心からでなくてもよい，本心でなくてもよい，演技でよい，という説明をきいて，「それならやってみられるかも」とホッとした表情になりました。本心でなくてもよいのです，難しいことほど形から入りましょう。演技でほめたとしても，子どもがとても喜んで笑顔をみせたり言うことをきいてくれたりしたら，思わず本心からほめたくなることが出てくるかも知れません。行動が変わると気持ちも変わり，関係が変わります。かわいいと思えないという気持ちだって，最初からあったわけではないはずです。様々なやり取り（行動）の結果，起こったことですから，行動を変えることで気持ちは変わっていくものなのです。まずは行動から変えましょう。

５と６については，発達に凸凹があって対応が難しいタイプの子どもには必須のコツです。これについて詳しくみていきましょう。

５のポイントは「簡潔に」「明確に」という２点です。Work 1 を使って練習をしてみましょう。

Work 1

さぁ，どのようにほめますか？　吹き出しにセリフを書いてみましょう。

例１：母「えらいね！」→明確さ×

ほめられたことは伝わりますが，何がほめられたポイントだったのかが伝わりにくい表現です。「自分はえらいんだ」だけではなく，「何をしたことで，母から認められたのか」が伝わることが大切です。この場合，お母さんは「ちゃんと言うことをきいて片づけてくれたことがうれしい」と伝えたい，であれば，簡潔に，明確に，「片づけてるね，ありがとう」といったような声かけがよいでしょう。

例２：母「ちゃんと片づけてえらいね。おもちゃさんも喜んでいるよ。そうやって
いつも片づけていると昨日みたいに，あれどこ？　と探さなくて済むものね」
→簡潔さ×

ほめ言葉が長すぎて，要点をつかむのが苦手な子どもにはたいへんです。たとえば，「昨日」に引っかかって，「昨日なくなったミニカーで遊びたい！　あれと同じのを買って！」となったら……ほめるどころではなくなります。

また，「いつも片づけていると」という言葉はどうでしょうか。「いつもそうしてくれたらいいんだけど」「明日もちゃんとやってね」「言われなくても自分からやれるともっといいんだけど」などと言われたときに，ほめられた気持ちになるでしょうか。ほめられたような，お説教されたような，スッキリしない気持ちになるかも知れません。

「簡潔に」「明確に」というのは，具体的にほめる内容を入れて，他の要素は入れず，シンプルにほめるということです。このコツをつかむには練習あるのみです。

6についても，Work 2 を使って練習してみましょう。出かけるから準備をしてね，と指示をしてしばらくしてみにいったら，次のイラストのような状況でした。

Work 2

今度はどのようにほめますか？　吹き出しにセリフを書いてみましょう。

「出かける準備をします」という指示を出した後，100％準備し終わっているものと期待していたとしたら？　イラストの女の子はとてもほめられる状態ではありません。

しかし，先ほど説明した「ほめるのはどんなとき？」というのを思い出してください。「親が頼んだことをしてくれた，または，しようとしたとき」，これもほめるときでした。女の子は，カバンを手にもって出かける準備をする行動に移っています。ここで「25％ルール」を適用しましょう。100％でなくても，少しでも「好ましい行動」があったらそこをキャッチしましょう。

100％できていたらほめるのも簡単です。しかし，チャレンジングな子育てでは，子どもはそう簡単にほめるチャンスを与えてはくれません。こちらがしっかりと観察して，25％の行動をキャッチする力をつけることが必要です。

ある参加者はお仕事でピアノの先生をしていました。「25％の行動でほめる」の説明をしたとき，「生徒さんには自然とこれを使っています！」と話していました。「先生」という役割のときでは生徒をほめられるのに，母親となった途端に25％ルールが難しくなる，ということもあります。また，別の参加者は，小学校のクラスに行事のお手伝いに行ったとき，ある女の子に，「おばちゃんはみんなにはとっても優しいのに，○○くん（わが子）にはそうじゃないんだね」と言われてドキッとしたそうです。いろんな子どもたちのよいところやできているところに認める声かけをたくさんしていたのに，わが子にはその視点を向けられていなかったことに気づかされたと話されていました。わが子だからこそ，ほめることが難しくなるのは，親の愛情ゆえでしょう。「わが子だからほめられない」から，「わが子くらい親バカになってほめる」へ。子どもはだれよりも親からほめられることを喜びます。

ただ，親も25％で自分を認め，自分をほめましょう。100％頑張ることなんてできませんから……。バークレー，R. という ADHD の専門家がいますが，彼が ADHD の子どもを育てる10か条をその著書に書いています（バークレー，2000）。そのなかに，「許しを実行する」というのがあります。「自分が子供への対応法を間違ったと思っても，それを許すことを学ばなくてはなりません」（バークレー，2000：266）。ほめようとおもってもほめられなかった自分，怒鳴ってしまった自分，そんな自分を許しましょう。また次の機会に挑戦してみればよいのです。今まで10回中0回，1度もほめていなかったとしたら，明日は1回でもほめられたらそれでよいのです。

もしチャレンジしてみるとしたら，記録をつけてみることをお勧めします（やってみよう2）。日にち，どの行動，どうやってほめたか，子どもの反応はどうだったか，を記録してみましょう。まずは2週間試してみましょう。

やってみよう２

好ましい行動をみつけて，ほめましょう

子どものどんな行動に，どのようにポジティブな注目をあたえましたか？

日時	ほめた行動	どのようにほめたか
例）７月11日（金）	例）連絡帳を渡した。	例）「たろう，連絡帳渡してくれて，ありがとう」とほほえむ。
例）７月13日（日）	例）夜，歯磨きをした。	例）「お，歯磨き始めたね！」

3-4．注目のつかい分けをする

(1)「注目を外す」という技

３つに分けた行動のうち，「好ましい行動」にポジティブな注目をする（＝ほめる・認める）コツについて述べてきました。次の技は「注目を外すこと」です。「行動を３つに分ける」で３つに分けた行動のうち，「好ましくない行動」に使うことができます。

「好ましくない行動」には親がイライラさせられるので，どうしても小言を言いたくなってしまいます。しかし，これはネガティブな注目になります（本書62ページ，図3-1）。たとえば，食事中，お箸を使わず手で食べているとき，「手じゃなくてお箸で食べなさい」と毎回注意をしているとします。しかし，注意をしているのに，いつもそのような行動がみられるとしたら，知らなくてできないわけではなさそうです。「手で食べる」という「好ましくない行動」から注目を外します。そして，「好ましい行動」（この場合，お箸で食べること）が出てくるのを待ち，「お箸で食べる」という「好ましい行動」について注目（ポジティブな注目＝ほめる）をします。先ほどの25%ルールを思い出してください。食事が始まってすぐ，お箸を使っていたら，その瞬間を逃さず，即座にほめましょう。

もちろん，しつけとして教えていく場面も子育てにはありますし，ネガティブな注目（注意する，叱るなど）をしてはいけないということではありません。ここでは「注目の使い分け」のコツを学んでください。子どもというのは，教えたことが「すぐに」「いつでも」できるようになるわけではありません。しかし，たまたまできるときがあったりするものです。すかさず，そこをキャッチします。ポジティブな注目をすることで，ほめながら教えていくこともできるのです。

Point 5　注目を使い分ける

注目を外す（無視する）→「好ましい行動」が出てくるのを待つ → 注目をする（ほめる）
★子どもを無視するのではなく，行動を無視しましょう！

では今度は，「注目の使い分け」を具体例で考えてみましょう。

あるお母さんは，子どもの食事のマナーが気になっていました。テーブルに肘をついて食べることが「好ましくない行動」としてあげられました。何度注意をしても直らないといいます。この行動について，「注目を外す」という技を使ってどのようなことができるか，考えてみましょう。

1.

→「よい姿勢で食べているね」または，食べていることに注目して「このコロッケ，美味しいね」と食事中の「好ましい行動」についてほめる。

2.

→見て見ぬふり。この行動は「好ましくない行動」なので，注目を外す。そして，「好ましい行動」を待つ。

3.

→待っていた「好ましい行動」が出たのでそこをキャッチする。「お，よい姿勢だね」「このトマト，美味しいね」と好ましい行動についてほめる。

「注目を外す（＝無視する）」ことと，「待つ」こと，「ポジティブな注目をする（＝ほめる）」はセットです。何のために，注目を外しているのか？　それは，「ほめるチャンスをえるため」です。ほめるために，「好ましい行動」を待っているのです。必ず，「好ましい行動」をほめて終わるようにしましょう。

ところで，この例の場合は，食事ですから，食事の雰囲気が楽しいものであることを最優先にしましょう。食べているときに，いつも口うるさくマナーを言われたらどうでしょうか。食事の時間はつまらない時間になってしまいます。一緒に食べているとどうしてもマナーが気になるなら，食事の時間をずらすのもひと工夫です。

また，姿勢については，感覚の問題が影響している場合もあります。本書40ページで述べたように，姿勢を保つのには固有覚や前庭覚が機能している必要があります。感覚を整えるアプローチもありますので，作業療法士（OT）や理学療法士（PT）に相談してみるのもよい方法です。

(2)　注目を外すときのコツ

注目を外すのは「好ましくない行動」でした。あなたが「好ましくない」と感じている行動に注目しないでいるのは簡単ではありません。以下にいくつかコツをあげます。あらかじめ作戦を立ててから取り組んでみるのが成功のコツです。ここで大切なのは，「注目をする／注目を外す」という両方のテクニックを使い分けられるようになること，その感覚をつかむことです。

Point 6　無視（注目を外す）のコツ

1．行動をひとつ決める（あなたが「好ましくない行動」にあげた行動のなかから選ぶ）
2．視線をあわせない（子どもが1で取りあげた行動をしているとき，子どもの方をみない）
3．注目していないことを態度で示す（ほほえまない，話しかけない，さわらない）
4．何か他のことをすることで，感情をコントロールする（雑誌をみる，深呼吸，10数える，時計の秒針をみるなど）
5．タイミングを逃さない（1の行動が始まったらすぐに無視を始め，その行動がとまったらすぐにほめる）

上の5つのコツをどのように用いていくのか，「注目を外す」流れを解説します。

1について，まずひとつの行動を選びましょう。「好ましくない行動」のなかから選びます。

「好ましくない行動」はあなたがして欲しくないと思っている嫌いな行動ですから，見聞きするとイライラさせられるはずです。何か反応したくなる行動です。そこから注目を外して，何ごともないかのようにふるまうのは簡単なことではありません。

ですから，まず，ターゲット行動をひとつ決めて挑戦してみましょう。ターゲット行動を選ぶ際に，最初は，もっとも嫌いでして欲しくないと思っている行動，目にしたくないと思っている行動は避けて（＝見て見ぬふりがとてもできそうにない行動は避けて），２番目か３番目に「好ましくない」と思っている行動を選んでみましょう。そして，注目を外すコツがつかめたら，他の行動にもチャレンジしてみましょう。

２と３について，注目を外しているときは，子どもと視線を合わせません。睨んだり，目で訴えたりもしない，ということです。言葉だけではなく，溜息をついたり，顔をしかめたりするなどの表情や態度でもメッセージは伝わります。その行動に私はまったく注目していませんよ，ということを態度でも示します。

そうは言っても，気になるものは気になります。特に，イライラするといった感情は自然にわき起こるものですから，感情をコントロールするには工夫がいります。４の「何か他のことをする」というのは手軽にできる感情コントロール法のひとつです。心のなかで10数える，時計の秒針を数える，壁の模様を数える，雑誌をみる，食事の支度を続ける，雑巾がけをするなど，他の作業をすることで気を紛らわせます。

最後に５について，注目の使い分けはタイミングが大事です。「好ましくない行動」が始まったらすぐに注目を外します。そして，待って，「好ましい行動」があらわれたらすぐにポジティブな注目をします。ですから，４のように気を紛らわせる作業をしていても，２や３のように子どものほうを向いていなくても，意識は子どものほうに向けておきます。行動をさりげなくチェックするアンテナはたてておいてください。そうしないと，ほめ損なってしまいます。注目の外しっぱなし（無視のしっぱなし）で終わることのないように，ポジティブな注目（ほめる・認める）で終わることができるように練習をしましょう。

(3)　無視をするときの覚書

子どもに「この行動は無視するよ」と知らせておくこと，代わりにとって欲しい行動を伝えておくことも有効です。いつもは「○○しなさい！」と言われていたのに，ある日突然何も言われなくなったら戸惑う子どももいるかも知れません。たとえば，親が注目を外していることの意図が伝わっていない場合や，意図は伝わっていたとしても取るべき行動がわからない場合です。いつもの慣れ親しんだパターンと違う親の反応に不安を感じる場合もあります。そのようなときに，「この行動には注目しないよ」「こういう行動をして欲しいと思っているよ」と事前に伝えておくことが役立ちます。

また，無視をすると一時的にその行動が強まることがあります。この行動については具体的に，Episode 2 を用いてみていきましょう。

Episode 2　お母さん，買って！

タロウくんはお母さんとスーパーへ買い物に行きました。お菓子売り場で大好きなチョコレートをみつけ，お母さんにおねだりをしました。

タロウ：お母さん，これ欲しいな，買って？
母：今日は買わないよ。
タロウ：欲しいの！　ね，買って，買って！
母：まだ家におやつがあるから，今日は買いませんよ。
タロウ：このチョコはないよ，ね，買って！！
母：また今度ね。
タロウ：買ってよぉ，ねぇ，買って，買って！！！

どんどん声が大きくなるタロウくん。チョコレートをもったまま，その場から動こうとしません。

お母さんは注目を外そうと思ったのだけれど，他のお客さんの視線も気になるし，買い物を早く終えたいし……。「しょうがないわね，今日だけね」と言ってしまいました。

さて，このときのタロウくんの，声の大きさをグラフにしてみました（図3-2）。

お母さんはA点で「注目を外す」を始めました。だんだんおねだりの声が大きく，強くなってきますが，「注目を外す」を続けます。もし，B点で買ってあげたとすると，次は，もっとおねだり行動が大きく，強くなることでしょう。徹底しない無視（＝注目を外す）はその行動をかえって強くします。C点を超えると，おねだりも弱くなってきます。

「注目の使い分けのコツ」で説明したように「注目を外す」＋「待つ」＋「注目をする」はセットでした。「好ましい行動」をみつけて，ポジティブな注目（ほめる）をして終わりましょう。

タロウくんの場合はどうでしょうか。C点をこえ，少し弱まったところで，お母さんが「タロウ，今日はタロウの好きなカレーをつくるから，野菜売り場からにんじんをもってきてくれる？」と声をかけると，タロウくんは渋々ながらにんじんをもってきました。そこですかさずお母さんが「おいしそうなにんじんをもってきてくれて，ありがとう」と声をかけました。おねだり行動からは注目を外し，ニンジンをもってくるという「好ましい行動」に注目したのです。

どの行動を無視するか，代わりにとってほしい行動は何かを考えておきましょう。「好ましくない行動」はイライラさせられる行動です。「注目を外すこと」にだけ意識を集中していたら，うっかりほめ損なってしまいます。

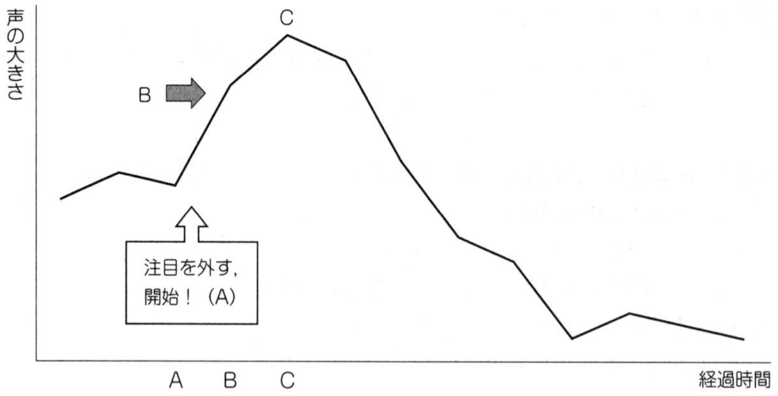

図 3-2 タロウくんのおねだりの声の大きさ

出所：筆者作成。

Episode 3 ついうっかり……

シンジくんはあるキャラクターが大好きです。キャラクターのスタンプラリーが始まったので明日行きたくてたまりません。しかし，お母さんは，明日は行けないので来週に行くよ，と伝えています。

シンジ：今日，スタンプラリーに行きたい。
母：明日は用事があっていけないから来週行こうね。
シンジ：明日！　絶対，明日行きたい！
母：行くのは来週よ。
シンジ：ええ，明日行きたいんだ，どうしても行きたい！

さて，お母さんはどのように対応するでしょうか。

お母さんはここで「注目を外す」を使おうと思い，シンジくんの「行きたい，行きたい」を無視することにしました。最初は大声で騒いでいたシンジくんですが，10数分たつと，勢いが小さくなってきました。「お母さんのケチ……，本当に行きたかったのに……」と，ブツブツ言いながら自分の部屋に行き，ゲームで遊び始めました。

お母さんはホッとしました。「ああ，よかった。『注目を外す』がうまく使えたかな！」と心のなかで思っていましたが，後から，うっかりほめ損なったことに気づきました。

前述したように「(好ましくない行動から) 注目を外す」＋「待つ」＋「(好ましい行動に) 注目をする」は3点セットでした。「注目を外す (＝無視)」の後には，必ず「ポジティブな注目をする (＝ほめる)」ことが大切です。ほめ損なうことがないように，自分がどんな行動を待っているのか，その行動をキャッチしたらどうやってほめておわるか，ということを考えておきましょう。

シンジくんの例では，「ゲームで遊んでいる」行動に注目して，ゲームでうまくいったことに対して声をかけるのもひとつです。

もし，「好ましくない行動」が「許しがたい行動」になったら，そのときは，安全を優先した対応をしましょう。たとえば，物を投げる，壁に頭を打ちつけるなど，人や物を傷つける行動は「許しがたい行動」に分類されます。これらはペアレント・トレーニングでは「許しがたい行動」の対応になります。これは第4章で取り上げます。

(4)　アクションプランを考えておこう

「注目を外す」にチャレンジしてみたいけれど，うまくいくかどうか自信がない，または，チャレンジしてみたけれどうまくいかなかった場合は，このアクションプラン（実行するための覚書）を作成してみましょう（やってみよう3）。

やってみよう 3
アクションプランをつくってみよう

好ましくない行動から注目を外し，ほめて終わるための覚え書き，アクションプランを作ってみましょう。

（→Episode 3 のタロウくんの場合）

1．ターゲット行動（「好ましくない行動」）は何だろう？	→スーパーでおねだりをする。
2．代わりに望んでいる行動は何だろう？	→カートを押してくれる。
3．「好ましくない行動」が起こるのはどこ？	→スーパーのお菓子売り場。
4．「好ましくない行動」が起こるのはいつ？	→午後 2 時ごろ。
5．そのとき，他に起きていることは？	→園から帰って疲れているのかも。
6．その行動が起きたとき，私はどうなっている？ （たとえば，目，身体，感情など）	→恥ずかしい，イライラ，睨んでいるかも。
7．その行動が起きたとき，代わりに焦点をあてるものは？	→商品の説明を読む，秒針を数える。
8．自分自身に言い聞かせる言葉は？	→1 分待とう，今日は試してみる日だ！
9．「好ましくない行動」がストップして，「好ましい行動」が始まったとき，何をする？	→笑顔でほめ言葉をかける。
10．もしその行動をやめなければどうする？	→買い物をやめて家に帰る。

こうやって整理してみると，いろいろな戦略が浮かんできます。たとえば……

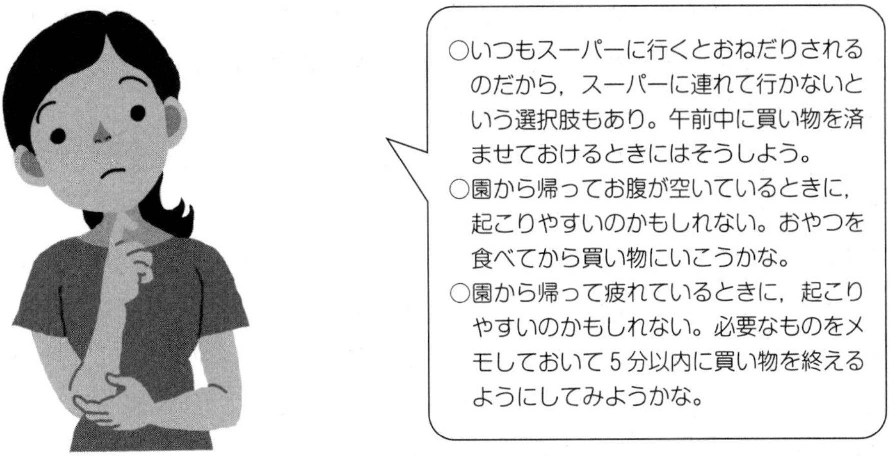
○いつもスーパーに行くとおねだりされるのだから，スーパーに連れて行かないという選択肢もあり。午前中に買い物を済ませておけるときにはそうしよう。
○園から帰ってお腹が空いているときに，起こりやすいのかもしれない。おやつを食べてから買い物にいこうかな。
○園から帰って疲れているときに，起こりやすいのかもしれない。必要なものをメモしておいて5分以内に買い物を終えるようにしてみようかな。

子育てをしていると誰しも感情的になるものです。それは情愛で結ばれている親子だからこそであり，自然なことです。しかし，あなたが子どもの問題行動に振り回され，対応に悩んでいるとしたら，一歩先んじて対応する位置に自分をおいてみましょう。自分がどの行動から注目を外し，どの行動に注目をするのか，事前に考えておくことで，心にゆとりが生まれます。

3-5．「スペシャルタイム」というスペシャルな技

ここでは，「スペシャルタイム」という方法を紹介します。この技は「ポジティブな注目」を実施するための工夫です。子どもと2人きりになれる時間を短い時間でよいのでみつけます。そして，その時間は子どもが好きなことをして遊びます。

子どもはスペシャルタイムをとても楽しみます。親のほうは大変そうと思われるかも知れませんが，実際に試してみると，「時間が決められていることで無理なく実施できた」「意外な発見があった」「子どもの楽しそうな笑顔をみることができてよかった」などの感想がきかれ，それぞれの生活リズムにあわせて，無理なく活用している方が多いです。

特に，子どもの年齢が9歳以下で，毎日の生活で「ポジティブな注目」のタイミングがつかめないと感じられる場合はスペシャルタイムを試してみることをお勧めします。

なお，10歳以上の子どもにも実施しても構いませんが，子どもの年齢が大きくなると，一緒に遊ぶというよりも，一緒に雑談をするなどの工夫が必要になるでしょう。遊びの内容は年齢によって変わってくることを念頭において取り組んでみてください。

(1) スペシャルタイムとはどのような時間？

スペシャルタイムとは，子どもと親が一緒に楽しめる時間，子どもがどのような遊びをしているのか・どのような遊びを好むのかを観察する時間，子どもにポジティブな注目をする機会をみつける時間です。

１日は24時間のサイクルでまわっています。子どもと家にいて遊び相手をしていても，そろそろお米をといでおかなくちゃ，洗濯物を取り込まなくちゃ，メールの返信をするんだった，今日の夕飯は何にしようか，冷蔵庫のなかに何があったかな，など，頭も身体もつねに動いていることでしょう。働いている親であればなおさらです。子どもの話をききながら家事をしたり，書類を書いたり，寝かしつけるまでの段取りを考えたりしていることでしょう。子どもと向き合っていても，片手間に相手をしている時間がほとんどです。家事をすべてやってくれる誰かがいるわけでもないですし，そうでないと日常生活はまわっていきません。

スペシャルタイムは子どもにしっかり向き合う時間，子どもとの遊びに親の注意が十分に向けられる時間です。わが子はどのような遊びを選ぶのか，どのように遊びが展開していくかを見守ります。子ども主導で遊びの時間が進むその時間に，親は子どもに対してポジティブな注目を心がけます。ほとんどの子どもはスペシャルタイムが大好きになります。子どもと親が共に楽しめる時間となることが大切ですから，生活に支障がでないようにするためにもスペシャルタイムは短時間で行いましょう。

(2) スペシャルタイムの実施法

それではその「スペシャルタイム」の実施の仕方について，説明します。

① 時間をみつける

他の人たち（きょうだいや来客など）が入らない時間で，親の気持ちにゆとりがもてる時間を探しましょう。

きょうだいを含めて一緒に遊ぶ時間も楽しいですが，「スペシャルタイム」はスペシャルなので，その子どもと２人きりで行います。また，何かやらなければいけないことが迫っているときは避けましょう。

② スペシャルタイムで必ずすること

○枠組みをつくる

→「スペシャルタイム」を設けるということを事前に子どもに伝えます。これは「スペシャルタイム」という枠組みのなかでの活動なのだということを明確にしておきます。後に触れますが，スペシャルタイムではOKだけれど，普段は認められないという場合も出てくるからです。

○時間を決める

→親子で時間を決めます。まずは，10分〜15分くらいで試してみましょう。

○子どもに主導権を与える

→「スペシャルタイム」が始まったら主導権は子どもに与えます。これは，子どもが遊びの展開をリードするという意味です。ただし，物を投げる，高い所から飛び降りるなど危険な行動はやめさせます。

○ポジティブな注目をする

→遊びのなかで子どもの行動にポジティブな注目をします。次のような注目の仕方があります。

- 子どもの行動を具体的にほめる（例：キャッチボールをしていて，「ナイスキャッチだったね」，パズルをしていて「あ，はまったね」などと声をかける）。
- 子どもの発言を繰り返す（例：子どもとお絵かきをしていて，「ねぇ，みて。これワンちゃんなんだよ」と子どもに話しかけられたら，「ワンちゃんだね」と返す）。
- 子どもの行動を実況中継のように言葉にする（例：積み木を積む遊びをしていて，子どもが丸い積み木を積んだら「丸い積み木が乗りました」，線路をつくっていて「レールがつながりました」などと声をかける）。

③　スペシャルタイムで避けたいこと

○指示や命令

→主導権を子どもに与える時間なので，親は指示や命令は行いません。たとえば，塗り絵をしていて「この色にしたほうがきれいよ」とか，お絵かきをしていて「ここにお花があったらよいんじゃない？」などの提案も原則として行いません。また，「何ができるのかな？」といった質問もできるだけしません。なぜなら，子どものなかにまだ何もアイデアが浮かんでいないときに質問をされると，質問に答えるためにアイデアを考えなくてはなりません。このように質問をすることで，主導権をとらないように心がけます。

たとえば，レンくんとお母さんのスペシャルタイムは「お風呂のなかでブロックを使って船をつくる」でした。お母さんは，遊んだ後のことを考えて，片づけが大変だなと思ったそうですが，スペシャルタイム（15分）だからと OK したそうです。レンくんは活き活きとした表情でお母さんと一緒に船をつくり，とても満たされた笑顔をみせたそうです。その笑顔をみてお母さんは楽しい気持ちになれたと報告してくれました。子どもは自分のアイデアが取り入れられ，一緒に遊べることで大きな満足感をえます。短い時間でよいので，ぜひチャレンジしてみてください。

もし，明日もお風呂でブロックをやりたいといったら，そのときは「次のスペシャルタイムのときにね」と伝えればよいのです。スペシャルタイムでは認められるけれど，普段は認められないということが言えます。

○否定的および批判的なコメント

→たとえば，工作をしていてのりづけがずれたときに「ちょっと曲がっちゃったね」とか，塗り絵をしていてウサギを紫色にした子どもに対して「紫のウサギってちょっと変じゃない？」と声をかけるなど，子どものアイデアを否定するようなコメントをすることです。コメントはポジティブなものにしましょう。

○教育的な指導

→たとえば，折り紙で「きちんと端をあわせて，折り目をしっかり」とか，キャッチボールをしていて「腕はこう伸ばしたほうがいいよ」など，子どもの活動を指導するような発言をすることです。教えるのは別の場面で行いましょう。スペシャルタイムの目的を思い出してください。この時間はポジティブな注目をすることにあるのです。

ミカちゃんとお母さんのスペシャルタイムはトランプ遊びでした。ミカちゃんはどうしても勝ちたかったのか，途中でルールを変えてしまったそうです。スペシャルタイムではそのことを指導しないので，にこやかにスペシャルタイムは終わったそうです。「そんなに勝ちたいんですかねぇ」とお母さんは苦笑しながら報告してくれました。ルールを変えてはいけない，順番を守らなければならない，ずるをしてはいけないなどの決まりは別の機会に教えましょう。スペシャルタイムでは危険な行動はとめますが，ゲームの決まりを変えるのはありです。トランプのルールを変えるのは危険なことではありません。それにこれはスペシャルタイムだから許されるのです。園の友達と遊んでいるときに勝手にルールを変えたら，それは許されないことでしょう。みんなからブーイングが起こるでしょう。世の中はそんなに甘くありません。親が教えなくても子どもの属する社会が教えてくれます。子どもが混乱しないように「スペシャルタイム」という枠組みをうまく活用しましょう。

ミカちゃんは，まだルールを変えてでも勝ちたい気持ちが強い発達段階にいるようです。そのうち，ずるをして勝つのは嫌だ，正々堂々と勝負して自分の実力で勝ちたいという段階，負けても一緒に遊べたことを楽しめる段階へと発達していくことでしょう。

また，ミカちゃんの場合，ルールを変えることで自分が勝てたのでよかったのですが，トランプのババ抜きなどは運が作用して，子どもに勝たせてあげたくても親が勝ってしまうこともあります。勝ち負けにこだわる子どもであれば，勝ち負けのない遊びを選ぶようにするのも工夫のひとつです。

④　スペシャルタイムでの遊びの選び方

→スペシャルタイムでの遊びは原則として，子どもの希望をきいて決めます。しかし，時間や空間の制限を考慮して適切な遊びを選ぶことができるかどうかは子どもの発達段階にもよります。うまく選べない子どもの場合や，何をしてよいのかアイデアが浮かばない子どもの場合は，親が選択肢を出して選ばせましょう。ただし，テレビゲームなど一方的になるものは避け，相互にやり取りができる遊びを選びましょう。

また，先ほど述べたように勝負にこだわる子どもの場合は，勝ち負けのない遊びを選ぶのも楽しく遊ぶコツです。年齢の大きな子どもの場合は，お茶を飲みながらおしゃべりをするというのもあります。

さて，スペシャルタイムを行ったら，簡単な記録（やってみよう４）をつけてみましょう。何月何日，何分間，どんなことをやったのか，どんなふうにほめたか（ポジティブな注目をしたか），子どもの反応はどうだったか，感想などです。

やってみよう 4
スペシャルタイム

スペシャルタイムの実施記録を書いておきましょう。

日時	どんなことをやりましたか？	子どもの反応は？	感想など

3-6．指示の工夫をする

(1)　指示を出すということ

日常生活のなかで，子どもに指示を出す場面はどのくらいあるでしょうか。朝起きてから夜寝るまでをふりかえってみましょう。朝は「起きなさい」から始まって，「着替えなさい」「ご飯を食べなさい」と続きます。夕食を食べ終わったらどうでしょうか，「テレビを消しなさい」「お風呂に入りなさい」「明日の準備をしなさい」「布団に入りなさい」などなど。ずいぶんたくさんの指示をしていることに気がつくでしょう。親も出したくて指示を出しているわけではありません，言われなくてもやってくれたらどんなに楽なことでしょう。

しかし，時間を見計らって動くことが難しい，何かに夢中になると時間を忘れてしまう，極めてマイペースで間に合うように行動するのが難しい，ある行動から次の行動に切り替えるのに時間がかかる，そのような子どもには適切な指示が必要です。成長するにつれ，指示がなくても動けるようになることも増え，スケジュール管理やタイマーなどのアプリを自分で使えるようになるなど親の出番は減っていきますが，子どものときには親の指示が適応的な生活を送るための必須アイテムといえます。

親の立場からすると，指示を出してあげているのに，感謝するどころか，まったくいうことをきかないので困っている，そんな声がきこえてきそうです。ここで氷山モデルを思い出しましょう（本書52ページ）。なぜ言うことをきかないのか？　「言うことをきかない」行動の水面下に何があるのでしょうか。

中学校１年生のある男の子は相談室でしみじみと言っていました。「オレ，忘れちゃうんですよね……。お母さんに声をかけてもらわないとできないから，そこは手伝って欲しいんだ」。困った子ではなく，困っている子なのだということを思い出しましょう。

この後に紹介する「効果的な指示の出し方――５つのコツ」は，指示に従うことが苦手な子どもにも伝わりやすく，子どもの協力を引き出すためのものです。

(2)　指示を出すときの心得３か条

まず，指示を出すときの心得３か条を心にとどめてください。

①　指示は「コミュニケーションの道具」と認識すべし

指示を出すときは，「～を始めなさい」（何らかの行動を始めなさい）又は「～をやめなさい」（何らかの行動を終わりにしなさい）ということを伝えたいときです。ということは，何を始めるのか，何を終わりにするのか，そのメッセージが伝わることが何よりも最優先です。そのメッセージを伝えるための道具が指示なのです。

② 指示を伝えるためには真剣な声と態度で臨むべし

日常生活は仕事とは違うので当然なのですが，何となく出している指示というのもけっこうあるのです。Brumfield & Roberts（1998）によると，4～5歳になると親が出した指示の約8割に子どもは従っているのだそうです。私はそのデータをみて，意外と子どもは親の言うことをきいているのだなぁと思いました。皆さんはいかがでしょうか。少なくとも子どもの側からしたら，ずいぶん言うことをきいているつもりなのかも知れません。

もし，「うちの子は言うことをきいてくれない」と悩んでいるのであるならば，出している指示が多過ぎないかを考えて，出す指示を選別してみましょう。今のタイミングでわが子に言うことをきかせるのは困難だと思うことや，どうせ言ってもやらないだろうと思うことならば，指示を出さずに手伝ってしまうか見逃すかとして，その代わり，指示を出すときは本気で指示を出します。きいてほしいと心から思って真剣な声と態度で臨みます。

③ 現実的になるべし

一度で言うことをきいてほしい，という期待はちょっと横においておきましょう。今の子どもに対して，あなたは何度かその指示を繰り返す必要があるかも知れない，と思っておくようにしましょう。一度で言うことをきかせようと思うと，きいてくれないことに怒りがわきますが，最初から「繰り返す必要がある」という心構えでいると，落ちついて子どもに向き合うことができるものです。

(3) 効果的な指示の出し方――5つのコツ

「うちの子，なかなか言うことをきいてくれない」とあなたが悩んでいるとしたら，それは子どもの特性――指示が入りにくい，または，切り替えが難しいなど――が影響しているのかもしれない，と考えてみましょう。そして，次にあげる効果的な指示の出し方を試してみましょう。以下に述べるような，ちょっとしたコツが役立つことがあります。

Point 7 効果的な指示の出し方，5つのコツ

1．子どもの注意をひきましょう。
何かに集中していると，あなたの声が届いていないかもしれません。
あなたが子どものそばに行くか，子どもをそばに呼びましょう。

2．視線を合わせましょう。

子どもの名前を呼び，ちょっと間をおいて，それから子どもがこちらをみるまで，繰り返し名前を呼んでもいいかも知れません。

3．指示は，短く，具体的に。
子どもの「嫌だ」が受け入れられないなら，質問の形できくのはやめましょう。
お説教や小言はやめましょう。

4．口調は，きっぱりと断定的に，しかも落ちついた感じで。
指示の中身が伝わることが肝心です。そのためには，「してくれるかな？」という疑問形ではなく，「しますよ」と断定的に伝えます。
また，大きな声やネガティブな感情があると子どもはそこに反応します。落ちついた穏やかな口調で指示を出します。

5．どんな小さなことでも子どもが従おうとしたことはすぐにほめましょう。
25%ルールを思い出してください。子どもが従おうという言動を少しでもみせたら，すかさずそこをキャッチしましょう。

小学校５年生のケンちゃんは相談室で，こんなことを話していました。「うちの親はうざい，ほんと，腹立つんだよ」。どんな場面でそう思ったのかきいてみると，「オレがテレビをみてたら，突然怒鳴るんだ。いい加減にしなさい！　って。もっと普通に言ってくれればいいのに，あんな言い方されると，心に突き刺さるというか……すごい嫌な気分になる！」と憤慨していました。ケンちゃんには毎週楽しみにしているアニメの番組があって，それをみているときのことだったようです。一方，お母さんにお話をきくとちょっと違う状況がみえてきました。「何度も声かけしているんですよ，そろそろテレビ消して，お風呂に入りなさい，って。何度言ってもいうことをきかないから，最後に『もう，いい加減にしなさい！』と叱ったんです」。ケンちゃんはいきなり怒鳴るから嫌だと言っていましたが，とたずねてみたら，お母さんはそんなことはない，何回も声をかけているし，そのたびにケンちゃんは「うん」と返事をしていた，というのです。

そこでお母さんと次のような話をしました。「うん」というのは，お母さんの声がきこえたから，条件反射的に「うん」と言っているだけかも知れません。お母さんの声は，音としてはとらえられており反応はしているようですが，その意味まで伝わっていたでしょうか，意味をとらえる脳の領域まで反応していたでしょうか。大好きな番組をみている最中ですから，意識の99%はそちらに向いていて，お母さんの言葉にまで向けられていなかったのかも知れません。ここで，指示の工夫を試してみてはどうでしょうか。では，皆さんもケンちゃんへの指示の工夫を一緒に考えてみましょう。

まず，先ほどの指示の出し方のコツ，１と２について考えてみます。この２つは，指示を出しているお母さんに，子どもの注意が向くように関わる工夫です。テレビをみているとき，本に夢中になっているときなど，何かに集中しているときは特に必要な工夫です。注意を分割することが苦手な子どもは（43ページを参照），ひとつのことに集中していると他の刺激が入りにくいのです。

テレビをみているケンちゃんもそうです。意識の99％はテレビに向けられていると考えてみましょう。遠くから声をかけても，指示の内容まで届いていないことが考えられます。ひと手間かかりますが，ケンちゃんのところに近づいて，肩をトントンと叩く，「ケンちゃん」と名前を呼ぶ，ケンちゃんの顔をみるなどケンちゃんの注意をこちらに向ける工夫をします。

次に3と4について，指示はコミュニケーションの道具と書きました。内容が伝わることが大切です。意味をつかむ力が弱い子ども，覚えておくことが苦手な子どもに対して，長々と指示を出すことは逆効果です。「短く，具体的に」に指示を伝えましょう。この場合は「ケンちゃん，テレビを消します」で十分です。

口調もきっぱりと断定的な言い方のほうが伝わりやすいのです。日常生活のなかでは婉曲的な表現として，「そろそろ〜してくれる？」と疑問形を用いることがあります。たとえば，「ケンちゃん，そろそろテレビを消してくれる？」といった具合です。意図をつかむことに困難がない子どもの場合は，テレビを消す時間がきたことがわかり，NO の選択肢はないことを理解します。しかし，字義通り受けとめやすい子どもは，YES か NO かの選択肢が自分にあると勘違いしやすいのです。指示を出す親の考えとして，子どもに NO の選択肢を与えたくないのであれば，きっぱりと指示を出しましょう。また，指示を伝えるのに子どもを威嚇したり，高圧的に出る必要はまったくありません。むしろ，ネガティブな感情や大きな声で指示を出すことで，子どもはそこに傷つき，イライラを覚えることがあります。ケンちゃんも言っていました，「あんな言い方される（怒鳴られる）と，心に突き刺さる，すごい嫌な気分になる」。子どもに気持ちよく指示に従ってもらうには，穏やかに落ちついて伝えたほうがよいのです。

最後に5については，25％ルールを思い出してください。指示に従おうとする言動をキャッチしたら，そこをほめましょう。ケンちゃんが，「お母さん，ホント，うざい！」とブツブツ文句を言いながらテレビを消したら？　「しょうがないなぁ，風呂に入ってやるか」といって動き始めたら？　ほめるチャンスです！「お母さんに向かってその言い方は何!?」「誰のためにお風呂に入るの!?」という言葉は次の機会に。まずは，指示に従った行動を認め，ほめましょう。

(4)「CCQ」で指示を繰り返す

心得3か条に「現実的になるべし」というのがありました。一度の指示で動くことを期待するのは現実的ではありません。あなたの子どもは指示が入りにくいか，今やっていることから次のことに移るのに時間がかかるか，動き出すのに時間がかかるか，何らかの困難さをもっているのかも知れません。あなたは何度か指示を繰り返す必要があるのです。指示を繰り返すときは，つねにCCQを心がけましょう。CCQはCalm（穏やかに），Close（近づいて），Quiet（静かに），の頭文字をとっています。

Point 8　CCQで指示を出す

C：Calm　穏やかに（あなた自身が穏やかに）
C：Close　近づいて（子どもにもう少し近づいて）
Q：Quiet　静かに（声のトーンをおさえて静かに）

手順は以下の通りです。

1．指示を出す，そして，子どもが指示に従うまで少し時間を与えましょう。
視線をそらして，いったん，その場を立ち去りましょう。
睨みながら横に立たれると子どもにとってプレッシャーになりますし，悪態のひとつもつきたくなるかも知れませんから。
さりげなく子どもの様子を観察して，指示に従うかどうかを待ってみます。
2．1～2回，指示を繰り返してみましょう。指示を繰り返すときも必ずCCQです。
3．もし，子どもが指示に従ったら，すぐにほめましょう。
4．従わないときは「警告」を与えます。

たとえば，ケンちゃんに「テレビを消しなさい」と指示を出す場面を考えてみましょう。

1．

→ケンちゃんがテレビをみています。

2．

→お母さんがケンちゃんに近づき，名前を呼んで注意をひきながら，「ケンちゃん，テレビ消します」と穏やかに，きっぱりと指示を出しています。

3．

→数分後，繰り返しの１回目です。「ケンちゃん，テレビを消します」と CCQ で伝えます。テレビをみていると注意がお母さんに向きにくいので，テレビとケンちゃんの間に入って声をかけています。

4．

→数分後，繰り返しの２回目です。「ケンちゃん，テレビを消します」。CCQ で伝えます。ここでもポイントは CCQ，穏やかに静かな声で，指示のセリフは変えずに伝えます。

5.

→うるさいなぁとぶつぶつ言いながらも，テレビを消したので，ほめます（「テレビ消したね，ありがとう」）。もし，消さなかったら，警告を出します（警告については第4章で説明します）。

(5) 予告をしよう

次のようなシーンを想像してみてください。あなたは毎週楽しみにしているドラマをみています。そこに子どもがやってきて，「お母さん，のど乾いた，何か飲み物ない？」と言ってきたらどうでしょうか。ドラマに入り込んでいるときに声をかけられて，邪魔された気分になるでしょう。「もうちょっと待ってて！」「冷蔵庫をあけて好きなもの飲んでいいから，静かにしてて！」と言いたくなるかも知れません。ちょうどドラマがよい場面だったりするとなおさらです。子どもも同じです。何かをやっているときに，それをやめて，他のことに移るよう言われると，待って！　と言いたくなるものです。

しかし，日常生活でつねによいタイミングで指示が出せるとは限りません。少しでも気持ちよく，指示に従ってもらう方法として，予告があります。予告があることで，次のことに移りやすくなります。気持ちの準備ができるのと，自分のタイミングで動けるからです。あと5分，あるいは，あと数回は今の行動を許可します。

たとえば，「テレビを消しなさい」という指示を出すときには，「もうすぐ夕食だから，あと5分でテレビを消しますよ」と予告をしておきます。そして，5分後に「テレビを消します」と指示を出します。公園の滑り台で遊んでいる子どもに対しては，「あと3回滑ったらおしまいにして，家に帰るよ」と予告をしておき，3回滑ったところで，「さ，おしまいにして家に帰るよ」と指示を出します。

ここまで学んだ指示の工夫を使うと図3-3のような流れになります。

「予告」した後の「CCQ での指示」で従ったらほめます。1回の指示で従ったら「ほめる」です。しかし，指示に従うことが難しい特性をもっている子どもの場合，現実的には1回では従えない（TV を見続ける）ことが起こりえます。そこで指示の繰り返しに進みます。「CCQ で繰り返す①」で従ったら「ほめる」です。もし従わなかったら，「CCQ で繰り返す②」に進みます。子どもの側からすると，指示に従って「ほめる」をゲットするか，「指示の繰り返し」をゲットするかは，自分の選択した結果であることになります。図 3 - 3 をみるとわかるように，子どもには「ほめる」を獲得するチャンスが何度もあります。子どもが「ほめる」をゲットできるように，指示の出し方が工夫されているのです。

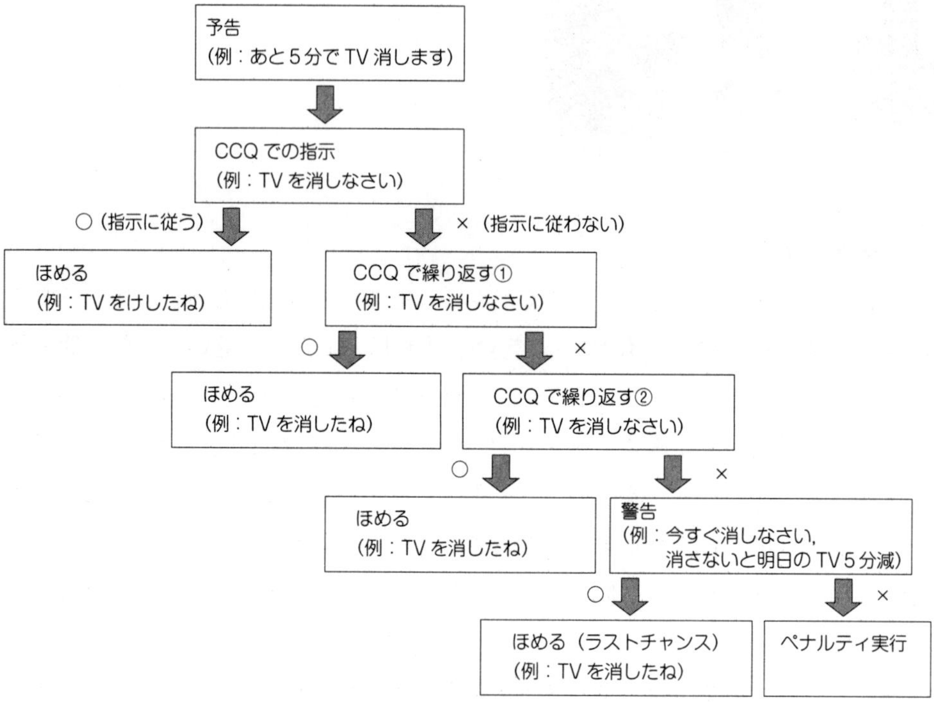

図 3 - 3　指示のチャート

出所：筆者作成。

さて，効果的な指示の出し方のコツがつかめたことと思います。実際に，日常生活のなかで実践してみましょう（やってみよう 5）。

やってみよう５
指示の出し方１

効果的な指示の出し方のコツを使って，指示を出してみましょう。

日時	あなたが出した指示	子どもがそれに対して言ったこと／したこと
例）６月７日	１）５分したら，おもちゃを片づけますと声をかける。	１）うん。
	２）５分後，「さぁ，片づける時間よ」。	２）ええ，もうちょっと遊びたい。
	３）CCQ で，「片づける時間よ」。	３）怒りながら箱におもちゃを投げ入れる。
	４）「片づけ始めたね」とほめる。	４）怒っているが，最後までおもちゃを片づける。
	５）「全部片づけたね。綺麗になったね。さぁ，おやつにしようか」と声をかける。	５）うん！　きげんよく，おやつを食べた。

(6) ブロークンレコードを使おう

子どもが言うことをききたくないとき，「あと１分でやるから」などと引き延ばす作戦にでることがあります。また，言われていることからあなたの気をそらすためにいろんな試みをします。たとえば次のようなやり取りです。

親：ミキちゃん，お風呂に入る時間よ。
子：え～，だってまだ８時半だよ。
親：寝るのが遅くなるからもう入りなさい。
子：だいじょうぶ，さっさと入るから。
親：そんなこと言ってるけど，いつもお風呂で遊んで遅くなるでしょう。
子：今日はあんまり汗かいてないから，入らない。
親：汗をかいてなくても，１日の疲れが取れるんだから。お風呂に入るわよ。
子：疲れてないし，だいじょうぶ。
親：お母さんと入るなら今入ってほしいの。
子：じゃ，お父さんと入るから，お父さんが帰ってくるの待ってる。

子どもの屁理屈に付き合うのは大変です。「いい加減にしなさい！」と言いたくなりますね。そういうときにブロークンレコードというテクニックを使ってみるのもひとつです。

今でこそデジタルで音楽を聴くことが主流になりましたが，一昔前はレコードで聴いていました。プレーヤーにレコードを乗せて針を落として聴くのです。なので，レコードに傷がつくとそこに針が引っかかって同じメロディを繰り返す，という事態になります。ブロークンレコードは傷がついたレコードのように，同じフレーズを繰り返すという方法です。子どもが屁理屈を言ってきたとき，シンプルにただ指示を繰り返します。

先ほどの例でブロークンレコードを使うとこうなります。

親：ミキちゃん，お風呂に入る時間よ。
子：だってまだ８時半だよ。
親：お風呂に入る時間よ。
子：今日は汗かいてないから，入らない。
親：お風呂に入る時間よ。
子：お父さんが帰ってきたら入るから。

親：お風呂に入る時間よ。

子：わかったよ。入ればいいんでしょ，うるさいなぁ。

親：ありがとう，ミキちゃん。じゃ，お母さんと一緒に入ろう。好きな入浴剤を入れていいよ。

傷ついたレコードですから，同じトーンで繰り返します。落ちついた穏やかな声で，ただ指示を繰り返しましょう。もし子どもがブロークンレコードを使ってきたら，「制限を設ける（ペナルティ）」に移ります。（第4章を参照）。

(7)　選択させる

あなたが雑誌を読んでいるとします。そのとき家族から「あ，トイレットペーパーがきれちゃったよ，ちょっとそこのコンビニで買ってきてくれる？」と頼まれるのと，「トイレットペーパーなくなりそうだから，週末までにどこかで買っておいてくれる？」と頼まれるのと，どちらがききやすいでしょうか。

人は，自分自身で選ぶことができるほうが，命令されるよりも気持ちよく指示に従えるものです。日常生活のなかで自然と使っている場合も多いと思いますが，なかなか言うことをきいてくれなくて困っているとき，意識して子どもに「選択させる」をつかってみましょう。

Work 3

たとえば，テレビを消してほしいとき「そろそろテレビを消しなさい！」と言いたいところを，「選択させる」のスキルを使うとどのような言い方になるでしょうか？

→「14時に消す？　それとも15時に消す？」という言い方になります。

その後に，

1．もし，子どもが選んだら（例：「15時に消すよ」と言ったら）
　→ほめる（例：「OK。ありがとう」）
2．他の提案を出して来たら（例：「16時に消すよ」と言ったら）
　→受け入れ可能なら認める（例：「OK。ありがとう」）
3．どっちも嫌だと言ったら（例：「嫌だ，どっちも嫌だ」）
　→もう一度繰り返す（例：「14時に消す？　それとも15時に消す？」）
4．再びどっちも嫌だと言ったら（例：「嫌だ！　どっちも嫌！　消したくない！」）
　→親が決めることを宣言する（例：「じゃ，お母さんが決めるね」）
　もし，そこで「嫌だ，お母さんが決めるのはいやだ，だったら自分で決める！」と言って決められたらOKです（例：「自分で決められたね！　ありがとう」）

次のような選択も使えそうです。「自分で消す？　それともお母さんが消す？」。どちらにしてもテレビを消すのですが，自分で消すか，お母さんに消してもらうかを選択させます。「自分で消す？　それともお母さんにリモコンを渡す？」これもどちらも結果は「テレビを消す」ですが，その手段として，自分でリモコンのボタンを押すか，お母さんにリモコンを渡してお母さんにボタンを押してもらうかのどちらがよいかを選択させます。子どもの協力を引き出すためにいろいろ試してみましょう。

あるお母さんが，寒い日にシャツ１枚で公園に遊びに行こうとしたジュンちゃんに「選択させる」をうまく使いました。

薄手のジャンパーとモコモコの厚手のジャンパーをみせて，「こっちにする？　それともこっちにする？」とお母さんがたずねました。子どもは「(別のダウンベストを指差して）これにする」と言いました。お母さんは考えました。どうせ公園に行ったら脱いじゃうかも知れないし，たしかに袖がモコモコするのは嫌なのかも知れない，身体が暖かかったらまだマシだわ。そこで「そうね，いいよ」と認めました。子どもは喜んでダウンベストを着て出かけて行ったそうです。

⑻「～したら，～できる」という伝え方

指示に従いやすくする工夫として，「～したら，～できる」という伝え方があります。

たとえば，「服を着替えたら，テレビをみてもよいわよ」「普通の声で話すなら，きくよ」「宿題をしたら，遊びにいってもよいよ」などの言い方です。

夕飯前におやつを食べたがる子どもに，いつもは「ご飯を食べたらね。今，おやつ食べると夕飯が食べられなくなるでしょ。夕飯前にはおやつはダメよ」というものの，「ちょっとだけ」「夕飯食べるから」などとしつこくねだり続けるのを我慢させるのが大変というお母さんがいました。このテクニックを使って「夕飯を食べ終わったら，おやつを食べていいよ」といったら，すんなり言うことをきいて驚いたという報告をしてくれました。

ある子どもは「宿題が終わっていないなら，遊びに行けないよ」というと，「ぼくのことなのに，なんでお母さんが決めるんだ！」と怒り始めたそうです。「遊びに行けない」とお母さんが決めたようにきこえ

たのかも知れません。「宿題が終わったら遊びに行けるよ」という言い方だと，「行ける」というポジティブな言葉が入っているのできやすいのかもしれません。たしかに，「終わったら遊びに行けるんだよ，さ，終わらせちゃって遊びに行こう！」といえば，応援しているようにきこえませんか？

また，指示の形が見通しを伝える形になっているために，子どもは行動しやすくなります。「～したら～，できる」は見通しをもちにくい子どもには特に有効です。こうしたらこうなるんだという見通しがもてることで，自分のふるまい方を学べるからです。

ここでは，指示の工夫について「ブロークンレコードを使う」「選択させる」「『～したら，～できる』という伝え方をする」という方法を学びました。先に学んだ「予告をする」「『CCQ』で指示を出す」「指示を繰り返す」と合わせて，さらに練習をしてみましょう（やってみよう６）。

やってみよう 6

指示の出し方 2

これまでご紹介した指示の出し方の工夫を使って指示を出してみましょう。

日時	あなたが出した指示	子どもがそれに対して言ったこと／したこと
例）6月21日	1）「10分したら，ゲームを消すのよ」。	1）うん，わかった。
	2）10分後，「さぁ，ゲームを消す時間よ」。	2）え～，もうちょっとだけ……。
	3）CCQで，「消す時間よ」。	3）あと少しだから！
	4）「お母さんが消す？　それとも自分で消す？」と選択させる。	4）しぶしぶ，「わかった自分で消すよ！」。
	5）「自分で消すんだね。よく選べたね」。	

「ほめる」をめぐるQ&A

子どもはほめて育てましょう，とよく言われます。「ほめる」はポジティブな注目のひとつです。では，なぜポジティブな注目が子育てに大切なのでしょうか？

先に述べたように，ほめられることで，子どもの自尊心が育ちます。生活を共にする大切な他者から認められる・ほめられることは，子どもにとって，心が満たされる体験となります。自分ができたという喜び，それを一緒に喜んでくれる人がいるうれしさ，大切な他者（親）を喜ばせることができることへの誇らしさ，様々な感情がわいてくるのです。このように，自尊心は人が幸せに暮らすために必要なものですが，急にもつことはできません。子どものころから育てていきたいものです。

「ほめることが大切」とわかっていても，実践できないのには理由があります。

① 親自身にほめられた経験が少ない

日本の子育て文化には「ほめる」ことが根づいていないので，多くの親がほめられた経験が少ないのです。ほめられ慣れてもいないし，ほめ慣れてもいない，慣れないことをするには練習しかありません。

② 子どもが親の「ほめる」行動を引きだしてくれない

親がほめることができる行動を子どもがタイミングよく行うことが少ないために，ほめることが難しくなります。第3章で紹介したスキルを活用しましょう。

③ 親自身の価値観

ほめることを巡る親自身の価値観が影響することがあります。これについては以下に述べるQ&Aにも一部ご紹介しています。すべての人は，成長するなかで何らかの価値観を身につけ，それに基づいて自分の行動を決めています。自分自身の価値観に気づくことも役立つでしょう。

子どもを「ほめる」ことを巡って，ペアレント・トレーニングに参加された保護者の方からいろいろな質問が出されます。これらを一緒に考えることで私もたくさんのことを学んできました。次にいくつかご紹介します。

Q．うちの子はほめても喜びません，どうしたらよいですか？

A．いろいろな場合が考えられます。

① ほめ方が性格や年齢に合っていない場合

あるとき，小学校4年生の男の子に「ちゃんと座っていてえらいね！」とほめたら，ムスッとした顔をされた，というのがありました。こっそり耳元で「座ってるね」とささやくくらいがよかったのかも知れません。一般に，子どもの年齢が小さいほうが感情を込めて大げさにほめられるのを好みます。「わぁ，すごいね！　靴下はけたね！」といった具合です。大きくなるにつれて，こっそり認められるようなほめ方を好むようになります。「お，（お茶碗）並べてくれたんだね，サンキュ」とか「へぇ，（ドリル）ここまで終わったんだね」といった感じで，静かにやったことを伝えるほめ方です。しかし，子どもの性格によっては小さくてもこっそり認められたい子や，大きくても感情を込めて盛りあげてほめられたい子がいますので，いろいろ試してみて子どもの反応をみてみましょう。

②　感情が表に出にくい子どもの場合

うれしそうな表情をしていなくても，その後の行動を観察して，ほめた行動が増える，ほめた後に落ちついているなどの様子がみられたら，うれしい気持ちになっていると思われます。ほめたことが子どもに伝わっていると考えてよいでしょう。

③　言葉に厳密すぎて，言葉に込められた意図が伝わっていない場合

幼稚園の父親参観日，廊下に張り出された絵をみて，「上手に描けたね」とお父さんがほめました。するとその男の子は怒り始めたそうです，「上手なんかじゃない！お父さんのうそつき！」。彼の絵は線が画用紙からはみ出しそうな勢いで，技巧性という点では「上手」とは言えなかったかもしれません。しかし，ふだん絵を描かない息子がのびのびとした筆遣いで描いた動物の絵をみて，お父さんは心からうれしく思い，息子の気持ちが表現された素晴らしい絵だと思ったのでしたが。

この場合，この男の子は「上手」という言葉に反応してしまった可能性があります。自分の絵はみんなと比べると上手ではない，と認識していたのかもしれません。そして，お父さんがうれしく思った気持ち，のびやかさが伝わってくる動物の絵が素敵だなと思った気持ちは伝わらなかったのでしょう。もし，言葉に厳密なタイプの子どもをほめるとしたら，「うまい，速い，すごい」といった評価的な言葉は避けたほうがよいかもしれません。「このゾウのいきいきした感じがお父さんは好きだなぁ」「のびのびした感じが伝わってきてすごく気に入ったよ」など評価の言葉を用いずに，よかったと思ったところを具体的に伝えてみましょう。

④「ほめられる＝何かをやらされる」という受け取りになっている場合

極端にひとつの認識（ほめられるのは何か嫌なことをやらされるときだ）だけが入り込んでしまったのかもしれません。または，親がほめる状況が，親が指示したことを遂行したときのみに偏り過ぎているときに起こることがあります。

たとえば，親から「洗濯物をたたんでね」と言われ，たたんだときに「たたんでく

れてありがとう」とほめられたとします。子どもは自分が洗濯物をたたむという頼まれごとを遂行したことで，親が喜んでくれてうれしい，自分も役立つことができてうれしい，と思います。その場合はほめられて怒ることはないでしょう。しかし，ほめられる＝何かをやらされる，指示され従わされる，という体験のみになると，「ほめられること」は嫌なことになります。そのような様子があったら，子どもが自発的に取り組んでいることに注目して，言葉をかけるようにしてみましょう。それに対しては嫌がることはないはずです。意識せずとも，親は子どもが自発的に取り組んだことを認める声かけもしているものです。しかし，ほめられることを嫌がる反応があったときは，親がしてほしいことばかりに「ほめる」が偏っていないかをふりかえってみましょう。

⑤　気づいていない場合

ほめられていることに気づいていないのか，気づいているけれど反応に乏しい（先にあげたように感情が表に出にくい）のかを見極めるのは難しいかもしれません。ひとつの工夫としては，ほめていることに子どもが気づくようにすることです。66ページのほめ方のコツ，６つを意識してほめてみましょう。

あるお母さんはペアレント・トレーニングを学んで，子どもを意識してほめるようにしたそうです。しかし，子どもの反応があまりなく，ほめ甲斐がないなと思いつつ，１週間が経ちました。お母さんは子どもにきいてみました，「今週，お母さん，きみをほめるようにしていたんだけど気づいてた？」すると子どもが「え，そうだったの？」といったそうです。お母さんはがっかりしました。こんなに一生懸命「ほめる」をがんばったのに，この子には伝わっていなかったのか……。しかし，気を取り直してたずねました。「どうやったらお母さんがほめているってわかるかな？」。その子は，「ほめる前に肩をトントンってしてくれたらわかる」といったそうです。次の１週間，お母さんはほめる前に肩をトントンとするようにしました。すると，その子はニコッとうれしそうにしたといいます。お母さんはさらに発見を報告してくれました。「でも，もうひとつ，気づいたんです。私が何か用事を頼んでやってもらったことをほめるときは，トントンとしないと伝わらないのですが，子どもが自分から始めたことをほめたときはトントンしなくてもうれしそうにしていました」。自分から始めたことをお母さんがみていて，ほめてくれるというのは喜びも大きいのだということをこのエピソードから学びました。

Q.「やればできる」はほめ言葉？

A．これはあるペアレント・トレーニングのグループで話題になったことです。いつもは宿題をやらない子どもが宿題に取り組んだのでほめました，「やればできるじゃん！」。これってほめ言葉でしょうか？　皆さんはどう感じますか？

私はこのエピソードをきいたときに，自分だったらどうかと考えてみました。じつは，私は片づけが苦手です。珍しく部屋を片づけたときに，「やればできるじゃん」といわれたらどう思うだろうか？　片づけたことを認めてコメントしてくれたのはうれしい反面，「やればできるのになぜやらなかったの？」と責められているような気持ち，「やればできるんだからちゃんとやりなさい」と説教されているような気持ちが混じって，微妙な気持ちになりました。私は「お，片づけたんだ，部屋がきれいだと気持ちがよいな」とシンプルにほめられたほうがうれしいです。皆さんはどうでしょうか。

人によっていろいろな感じ方があると思いますが，まずは，ほめ方のコツを使ってシンプルにほめることを練習しましょう。

Q．ほめてばかりいては天狗になるのではないか？

A．「天狗になる」というのは，いい気になってうぬぼれること，得意になったり自慢したりするなど，謙虚さに欠けていて，増長してしまうタイプの人の態度をあらわすときに使う言葉です。うぬぼれて増長する態度を天狗の鼻の長さであらわしたのでしょう。

「うちの子はほめるといい気になって天狗になるんです，だからほめたくないのですが……」という質問が出たことがありました。ここで思い出して欲しいポイントは，自尊心を育んでいくことが子育てにおいて大切であるということです。自尊心は自分が起こした行動を通して育まれていきます。そのためには，まずは自分で行動を起こすことが必要です。しかし，いつもうまくいくとは限りません。失敗を繰り返しながら少しずつできることが増えていくのです。できることの体験，できないことの体験，それらすべての体験を通して，ありのままの自分を受けとめていくことが真の自信につながります。

たとえ天狗になったとしても，きっとその長い鼻はどこかで誰かが外で折ってくれます。小さなことをみつけてほめる，25％ルールでほめる，そんな工夫をしてくれるのは親くらいでしょう。

天狗になっているわが子をみたくないのは，それがどこかの誰かに折られる挫折感を味わわせたくないからでしょうか？　しかし，小さな挫折体験は大切です。折れてもまた復活できることを学ぶからです。一度も挫折したことがなく，大人になってから大きな挫折をすると，折れた後の回復はとても難しくなります。

または，いい気になっているわが子にイライラするからでしょうか？　なぜイライラするのでしょうか。あるお母さんは，何でもできて当たり前という環境で育ち，すべて自分で頑張ってやってきた，でもそれをほめられたことはほとんどなかったそうです。それなのにこの子はこんな些細なことでもほめられる，ということに複雑な感情がわいたとおっしゃっていました。子育てを通して，いろいろな気持ちが起こるのは当然のことです，その気持ちに良い悪いはありません。いろいろな思いを安心して話し合える場があることが大切だと感じます。

Q．ほめられないと動かない子になるのではないか？

A．第４章の後半で「行動チャート」の作成と活用を学びます。「行動チャート」では達成した○の数に応じて子どもは特典など何らかのごほうびをえることができます。そのときにも「ごほうび」がないと行動できない子になるのではないかという質問が出ることがあります。「ほめ言葉」や「ごほうび」，これをどのように考え，活用するかを考えてみましょう。そのときに参考になる研究があります。動機づけの研究と，報酬系神経回路の研究です。

動機づけ（モチベーション）の研究から，動機づけには，「外発的動機づけ」と「内発的動機づけ」という２種類があることがわかっています。「外発的動機づけ」というのは，やったらほめられる，ごほうびがもらえる，やらないと叱られるなど，外からの要因によってやる気が出ることです。それに対し，「内発的動機づけ」は，面白いから，興味があるから，やりたいからなど，自分の内面にわき起こる要因からやる気が出ることです。「ほめないとやらない子になるのではないか」という質問は「内発的動機づけ」で行動してほしいという親の願いから出たものでしょう。たしかに，「外発的動機づけ」の効果は一時的であり，成長には必ずしもつながらないという考えもあります。しかし，「外発的動機づけ」によって行動をしているうちに，次第に興味・関心が生まれ「内発的動機づけ」へと変化していくことが多いのです。たとえば，学校の宿題はつまらない，でも，やらないと怒られるから仕方なくやる，ところが宿題をやっているうちに興味のあるテーマがみつかって，自分から学ぶようになり，面白いと思うようになる，というのがそうです。他にも，最初は頼まれて夕飯の準備を手伝っていたけれど，家族に美味しいとほめられ，自分でも料理の面白さを実感するようになって，自分から夕飯担当を申し出る，というのもそうでしょう。そのように考えると，「ほめる」「ごほうび」はきっかけとして活用できそうです。

親がまず支援できることは，「外発的動機づけ」を活用してきっかけをつくる，ということです。「内発的動機づけ」はそれぞれの子ども自身の興味関心やタイミングによって起こるものです。親がコントロールすることはできません。親ができるのは待つこと，見守ること，応援することです。

もうひとつは報酬系回路の研究です。報酬系というのは，脳のなかで欲求が満たされたときに人に「快」の感覚を与える神経系のことを言います。たとえば，お手伝いをした→欲求が満たされた（ごほうびがもらえた・ほめられた）→快の感覚（うれしい）→またお手伝いしよう，というように脳のなかで報酬系が働くことで，人はその行動を繰り返すようになると考えられています。たとえば，「お手伝いをしたら，お小遣いがもらえた」ということがあったとします。「お手伝いをする」という行動の結果，お小遣いがもらえた（欲求が満たされた）ことで，うれしい気持ち（快の感覚）が起こります。脳のなかで報酬系が働くと人はその行動を繰り返すようになる（この場合は，お手伝いをするという行動を繰り返す）と考えられています。

ADHD の子どもと ADHD ではない子どもを対象にした研究から，ADHD ではない子どもは報酬が高くても低くても報酬系が活性化するのに対して，ADHD の子どもは報酬が高いときのみ活性化することがわかりました。つまり，ADHD の子どもには「しっかりごほうびを与える」「しっかりほめる」ことが肝心なのです。「好ましい行動」を増やすためには，「好ましい行動」に対して快をともなう結果（ごほうび・ほめ言葉）をくっつけて，その行動を増やしていきたい，そのためにも，ほめ方のコツを活用して上手にほめましょう。報酬系の活性が弱いからこそ，しっかりほめることが必要なのです。

テンプルさんは，自分が成人してから成功できた最大の理由は，母が私の中に堅固で健全な自己価値観を育んでくれたことにあると記しています。母は特別なことをしたわけではないのですが，自尊感情の形成に欠かせない点を理解していたとして，次の2点をあげています。

○自尊感情は，実際にやりとげたことを通して少しずつ高められる。たとえば，時間と労力をかけ忍耐を重ねて美しい刺繍を完成したとき，私は自分に満足し，自信をつけました。

○自閉症のある子どもは，ものごとを字義通りに解釈し，具体的に思考するので，自尊感情を高めるには，ことばでほめるだけではなく目に見える成果が必要である（グランディン，2009：29）。

Q．ほめるとあまやかすことにならないか？

A．児童精神科医の佐々木（2011）は「子どもが望んだようにしていたら，過保護になってわがままになってしまうと思っていらっしゃる方もいるかもしれませんが，そんなことは絶対ありません」と述べています。「過保護」は子どもが望んでいることをやってあげ過ぎるという意味だそうで，子どもは自分の望んでいるいろいろなことを思い通りにしてもらうと，ある時期にはもう満ちたりて，自立していくほうに動いていくのだと言っています。

ほめることが「子どもを認めていること」であれば，甘やかすことにはなりません。過保護と似て非なるものに過干渉があります。過干渉は子どもが望んでいないのに手を出し過ぎることです。ほめることが，親の思い通りに動かそうとすること――過干渉でなければ，何の問題もありません。また，やってあげ過ぎたなと思ったら，後からいくらでも修正することができます。見守る割合を増やせばよいのです。子どものときこそ，しっかりと「ほめる」，ポジティブな注目を！

これまでの復習

家庭のなかで，子どもの困った行動にどのように対応するのか，ペアレント・トレーニングで学ぶスキルや考え方を紹介してきました。これまでのポイントをここでふりかえってみましょう。

Q．ペアレント・トレーニングの目的は？

A．親子関係が温かみのあるものになり，よりスムーズに日常生活が送れるようになることを目指している。子どもを変える／治すためのものとは違い，親のイライラが減ること，親としての効力感（親としての役割をほどほどには果たせているという感覚）を取り戻すことを目指す。

Q．ペアレント・トレーニングの基本的な考え方は？

A．① 行動に焦点を当てる

行動とは「見える」「聞こえる」「数えられる」など，具体的なものである。

② 注目のパワーを利用する

ポジティブな注目（ほめる・認める）をすることで好ましい行動を増やし，無視すること（注目を取り去ること）で好ましくない行動を減らしていく。

Q．ペアレント・トレーニングでは行動を3つに分けます。その3つは？

A．「好ましい行動」「好ましくない行動」「許しがたい行動」の3つ。

Q．ほめ方（ポジティブな注目）のポイントは？

A．好ましい行動をほめる：具体的な行動を，簡潔に，明確に伝える。

25％ルールでほめる：やり始めたところをつかまえる，小さな成功をみつけよう。

視線身体の向き，表情，声の調子，内容，タイミングも大切。ほめたことが子どもに伝わっていますか？

Q．無視（注目を取り去る）のポイントは？

A．好ましくない行動を無視する（子どもの存在ではなく！）。

無視して，好ましい行動が出るのを待ち，ほめておわる。

無視すると，より注意を引こうと声が大きくなることがあるが，そこが我慢のしどころ。

イライラさせられてうまくできない場合は，前もって「アクションプラン」をつくる。好ましい行動（代わりにとってほしい行動）を頭に入れておき，それを始めたらすぐにほめる。

Q．指示は何を伝える道具？

A．何かを始めるか（～を始めなさい），何かを終わりにすること（～をやめなさい）を伝える道具，親の言うことをきくべきという考えを伝える道具ではない。

Q．指示を効果的にするためのコツ，CCQ は？

A．Calm：あなた自身が心穏やかに

Close：子どもにもう少し近づいて

Quiet：声のトーンをおさえて静かに

CCQ で指示を出す。

Q．指示を繰り返すのはなぜ？

A．言われたことをタイミングよくキャッチすることが苦手な子ども，次の行動に移るのに時間が必要な子どもにとって，指示が繰り返されることで，指示の内容を理解し，指示に従うチャンスが増えるから。

ポジティブな注目をすることがもっとも大切なことです。これが温かみのある親子関係をつくっていくための土台となります。また，親子関係の面だけでなく，ほめられたり，認められて育った子どもは，自分に自信をもつことができ，肯定的に自分のことを受け入れることができます。

これは子ども時代だけでなく，将来にわたってささえとなります。活き活きと生きるパワーになったり，ときに自分ができないことも受けとめられたり，困難な状況を乗り越えるパワーになります。

小さなことでも子どもの成功（できていること）をみつけ，子どもに伝えていきましょう。できるときには，少し待って様子をみてみましょう。「好ましい行動」が出てくるでしょうか。出てきたらほめましょう。待ってみても出てこないようだったら，明確な指示を出しましょう。あなたの指示は子どもに伝わっているでしょうか。そして，指示に従ったらほめましょう。すべてはほめるチャンスをつくるための工夫なのです。

そして，難しい子育てにチャレンジしている自分を認め，自分にたっぷりご褒美とほめ言葉を与えましょう！　うまくできなくても自分を許し，チャレンジした自分をほめましょう。

第 4 章

ペアレント・トレーニングで学ぶスキルを試してみよう

応用編

さて，ここからは応用編です。「行動を３つに分ける」「ポジティブな注目をする」「注目の使い分けをする」「指示の工夫をする」，第３章で扱ったこれらのスキルが基礎となります。日々の生活のなかでこれらのスキルが使えるようになると，子育ては少し楽になるはずです。「ポジティブな注目」が上手になったでしょうか。

次にご紹介するのは，「ペナルティの考え方と使い方」と「行動チャート」です。効果的にスキルを学び，実践するのには順番があります。必ず先に基礎編から取り組んでください。特に，「ペナルティ」は，基礎となるスキルを習得してからにしてください。「ポジティブな注目」ができていないときに「ペナルティ」を実践すると，うまくいかないばかりか，親子関係が悪くなり，子どもの困った行動がより増えてしまう結果になりかねません。

4-1．ペナルティの考え方

サッカーの試合ではルール違反をするとペナルティが課せられます。軽い違反であればイエローカードで警告され，イエローカード３枚で退場，悪質な反則の場合はレッドカードとなり即退場です。選手たちは試合に勝つために全力で戦っていますから，出場できないというペナルティ（罰）は痛いものとなります。チームにとっては選手が少ないと試合を戦うのに不利になりますし，選手にしてみれば活躍してチームの勝利に貢献したいのにその場が与えられないということです。つまり，サッカーの試合におけるペナルティ（罰）とは，反則をした結果その試合に出場できないというものであり，選手を傷つけたり，辱めたり，脅したりするものではありません。

子どもの問題行動に対してのペナルティ（罰）もこの考え方と同じです。ペナルティとは子どもを傷つけたり，辱めたり，脅したりするものではないことをしっかりと理解していただいたうえで，ペナルティの実施の仕方について入っていきたいと思います。

(1)　ペナルティの対象となる「許しがたい行動」とは？

最初に「行動を３つに分ける」という作業をしました，それは３つの行動それぞれに対応が異なるからでした（図4-1）。まず，「好ましい行動」にポジティブな注目をする，次に，「好ましくない行動」からは「注目を外す」＋「待つ」，そして「好ましい行動」をほめて終わるという注目の使い分けをすることも学びました。指示に従うことが難しい子どもへの「指示の工夫」も学びました。そして，最後に学ぶのが「許しがたい行動」への対応です。「許しがたい行動」とは，人や物を傷つける行動，ま

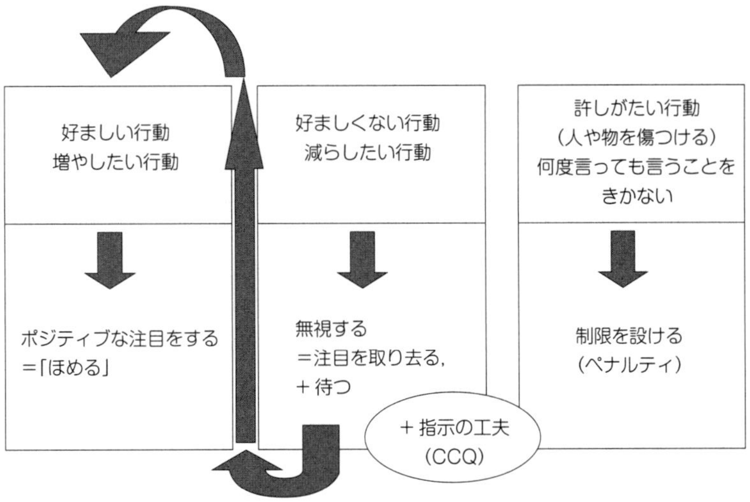

図４－１　３つの行動とその対応

出所：筆者作成。

たは，何度言っても言うことをきかない行動です。ペナルティを課すのはこの「許しがたい行動」に対してです。

さて，「許しがたい行動」の欄に，皆さんはどのような行動を書き込んだでしょうか。ペアレント・トレーニングのプログラムは，本書でご紹介している順番で進んでいきます。初回に「行動を３つに分ける」を学びます。その時点で「許しがたい行動」にいくつもの行動が書き込まれていたとしても，「許しがたい行動」への対応を学ぶ最終回のころになると，「許しがたい行動」の欄にある行動は１つか２つになっている方がほとんどです。まったくなくなっている場合もあります。それは，他のスキル（第３章で扱っている基礎的なスキル）を活用することで，親が上手に子どもの行動に対応できるようになったことを意味しています。

ここで，いったん，子育てという営みについて考えてみましょう。子育て（養育）は個人的な営みである部分と，社会的な営みである部分が混ざっているものです。あるグループで，「好ましくない行動」に「食事中にテレビをみて食事がすすまない」というのがありました。そこから，食事中にテレビをつけるかつけないか，ということが話題になりました。Ａさんの家庭では「お父さんが食事中ニュース番組をみるからついている」，Ｂさんの家庭では「うちは食事中テレビを消すという決まりになっている」，Ｃさんの家庭では「みんなでバラエティ番組をみながらワイワイ食べることが多い」などそれぞれでした。それぞれの家庭に文化，大切にしたいルールや考え方があり，それに基づいて親は「しつけ」を行います。それぞれの家庭の文化に良い悪いはありません。それは子育ての個人的な営みの部分なのです。

家庭のルールに反する行動も「しつけ」の対象となりますが，その大部分は「好ま

【コラム】 ルールのカテゴリー

自閉症であるショーンさんは，その著書のなかでルールの理解に混乱した体験を書いています。校則に「校内で喫煙した場合は３日から10日間の停学」と喫煙禁止が明記されているにも関わらず，男子トイレで喫煙していた学生に対して，タバコを取りあげ，「早く教室に行け」と指導した教師に強い嫌悪感を抱いていたそうです。なぜ明記されたルールがあるのに教師が見逃したのかが理解できなかったのです。何年もたってから「ルールはルールだが絶対に犯してはいけないものと，そうでないものがあることを理解できた」といいます。

テンプルさんも同様に，ルール違反に対する反応が人や状況によってまちまちであることで，社会的ルールを理解することが非常に困難だったと回想しています。テンプルさんは，場面を分析することで，生活上の社会的ルールを４つのカテゴリーに体系化し，理解することができるようになったといいます。その４つのカテゴリーとは，次のものです。

○第１のカテゴリー：本当の悪
殺人，放火，窃盗など，非常に破壊的で身体に危険を及ぼす行為。本当の悪はどの社会でも普遍的に禁止されている。
○第２のカテゴリー：礼儀のルール
「ありがとう」という，割り込みをしない，人にツバを吐かないなどの礼儀のルール。周囲の人に不快感を与えず，敬意を表するもの。順番を待つ，テーブルマナーを守る，清潔にするなどはどの国でも通用するルール。
○第３のカテゴリー：一概に悪とはいえない違反
このカテゴリーに入るルールは，社会，集団，家庭によって大きなばらつきがある。個人の道徳観や信条によってもとらえ方が違う。状況によっては守られないことがあるが，油断は禁物，違反すればそれなりの報いがある。たとえば，軽微なスピード違反や違法駐車など。
○第４のカテゴリー：制度内の罪
国や文化によって異なるが，破ることは許されない（グランディン＆バロン，2009をもとに筆者作成）。

テンプルさんが「制度内の罪」というカテゴリーを思いついたのは，高校の寮生活を通してだったそうです。他人の行動を微に入り細にわたって観察し，分析したそうです。そして，高校の制度内の罪はセックスと喫煙であると発見しました。

ルールに厳密であるために，友達関係や社会生活で混乱し不適応を起こす子どもたちは少なくありません。たとえば，駅のホームで白線の内側を歩く人や列の割り込みをする人に対して，激しい怒りを感じ，ストレスのあまり体調を崩してしまった子どもがいました。また，ある小学生の子どもは，給食のときに机にランチョンマットを敷くというクラス内のルールを守れない子に対してきつくとがめ，クラスに友達がいなくなってしまいました。社会生活を円滑に営むうえで，ルールを柔軟に理解することが求められますが，そこに困難を抱える子どもたちがいます。

あるお母さんは，ルールで混乱する自閉スペクトラム症のわが子のために，ルールの分類をつくりました（図４－２）。

第1のルール：法律のルール…地球上のどこでも絶対にしてはいけないこと。
自分も守ります，他の人も守ります，いつでもどこでも絶対に守ります。

(例)
○人を殺さない。
○人を傷つけない。
○物を盗まない。
○放火をしない。

守らないと ➡

○警察につかまります。
○刑務所に入れられます。

第2のルール：社会のルール…自分は守ります。
守らない人がいても無理矢理守らせることはしません。
時と場合によって変更することがあります。

(例)
○赤信号ではわたりません。
○他の人の物をなくしたり，壊したりしません。
○他の人を叩いたり，けったりしません。
○順番を守ります。人が並んでいるときに割り込みしません。
○食事中のマナーを守ります。
○バスや電車のなかでは小さな声で話します。

守らないと ➡

○人に嫌われます。
○大人に怒られます。
○お友達と仲良くできなくなります。
○人に迷惑をかけます。

第3のルール：個人のルール…自分は守るようにがんばります。
他の人も自分と違うルールをもっています。
守らない人がいても無理矢理守らせることをしません。
個人のルールよりも，みんなで仲良くすることが大事です。
時と場合によっては変更することがあります。

(例)
○親の言ったことを守ります。
○約束は守ります。
○毎日学校へ行きます。
○ゲームの順番を守ります。
○おやつは平等に分けます。
○お手伝いや仕事をみんなでやります。

守らないと ➡

○自分が困ることがあります。
○他の人に迷惑をかけます。
＊でも全部守ることは難しいです。
守れなくてもやり直しができます。

図4－2　世の中のルール，3つの分類

出所：藤井和子氏提供。

しくない行動」でよいと私は考えています。「許しがたい行動」は基本的に，社会のルールに反する行動と考えましょう。たいていは生涯にわたって，どの文化においても求められるルールです。人を傷つける，物を壊す，といった行動はたとえどんな理由があったとしても，社会のなかで認められることはありません。たとえば，相手が先に嫌がらせをしたとしても，相手を傷つけたり，相手の物を壊したりしたら，傷害または器物損壊の罪に問われます。それが社会のルールです。

「行動を3つに分ける」ときに，「好ましくない行動」に入れるか「許しがたい行動」に入れるか迷うことがあると思います。どちらに入れても間違いではないのですが，考え方の基準としては，その行動は個人のルールに反するのか，または社会のルールに反するのかという視点をもってみるのが参考になると思います。

また，図4-1をみてわかるように，「好ましくない行動」と「許しがたい行動」では対応が異なります。子どもの困った行動をどちらの欄に入れるかは，どちらの対応が適しているかで考えてみましょう。「注目の使い分け」や「指示の工夫」，環境の調整で対応できるならば先にそれらのスキルを使って対応しましょう。ペナルティを課す必要はないのです。他人や自分を傷つける，物を壊すといった行動は社会のなかで受け入れられない行動です。子ども自身や誰か他の人が傷つかないために，安全な枠をつくるという観点から「許しがたい行動」への対応を考えていきます。

(2) ペナルティを使う前に――他のスキルで対応可能か？

他のスキルで対応できる場合はそちらを使います。復習を兼ねて，次の点を確認してみましょう。

Point 1 スキルの確認

1. ポジティブな注目（=ほめる，認める)」はできていますか？
   →日常生活のやり取りで，ポジティブなやり取りが十分にありますか？
   →25%ルールを活用して，ほめるチャンスをつくっていますか？
2. 「注目を外す＋待つ＋ポジティブな注目をする」を試してみましたか？
3. 「指示の工夫＋待つ＋ポジティブな注目」を試してみましたか？

就学前などの小さい子どもは，世界は自分を中心にまわっていると感じています。物事が思い通りに進まないと気持ちが混乱してしまいます。その結果，かんしゃくや暴言になっていることがあります。

子どもが落ちつく時間を与え，気持ちをコントロールできるように手伝いましょう。たとえば，思い通りにいかなくてイライラしている子どもには，やさしく抱きしめ，「がっかりしたね。一緒に本を読もうね」「嫌だったね，ギュー（抱っこ）しようね」など声をかけましょう。親はイライラしたときにどうやって気持ちを落ちつけるかのモデルを子どもに示すことになります。

不安や緊張でパニックになった結果のかんしゃくや暴言も同じです。安心できる環境になるよう調整する，落ちつけるようにするといった対応が必要です。そして，事前に環境調整をすることで暴力や暴言が起こらないような工夫をすることが大切です。

【コラム】 機能分析をしよう

ある行動が続くときは，その行動が子どもにとって役立っている（何らかの機能を果たしている）と考えます。問題行動の機能分析では，その行動が果たしている機能は何かを分析し，他の適切な行動に置き換えるか，その行動が起こらない状況をつくります。

たとえば，レイくんは学校で「教室を飛び出す」という行動が続いていました。どの時間に飛び出しているかを記録したところ，音楽の時間が多いことがわかりました。歌を歌うことも，みんなの歌声をきくこともレイくんには嫌なことでした。聴覚過敏をもっているレイくんにとっては，「教室を飛び出す」ことは「うるさい教室にいなくて済む，騒音から逃れられる」という「逃避・回避」の機能を果たしていました。しかし，勝手に飛び出されると先生は安全確認のために，追いかけなければなりません。そこで，音がうるさくてつらいときは，先生に伝えて保健室に行く，という行動を提案しました。または，耳栓を使用する，歌の時間は別室で課題をする，という方法も検討できます。

このように，いつ，どのようなときに問題行動が起こるのか，その結果どうなっているのかを観察し，その機能を分析することで，問題行動に対応することができます。

問題行動には子どものメッセージが含まれていると考えてみましょう。言葉で自分の状況や気持ちを伝えることができないために，問題行動になっていることがあります。その場合，問題行動は何らかのコミュニケーション機能をもっているといえます。たとえば次のようなものがあります。

① 物や活動の要求

物や活動など何か要求があって，それを手に入れることができる。

例：友達にかみつくことで遊びたいおもちゃを手に入れた。

→友達にかみつく（問題行動）はおもちゃを手に入れるための手段となっている。

② 注目の要求

他者の注目を手に入れることができる。

例：友達が「やめて！」と言っているのに，叩き続ける。

→「やめて！」と言われることが，求めている友達とのやり取りの手段になっている。

例：先生に追いかけて欲しくて教室を飛び出す。

→飛び出す（問題行動）ことで，大好きな先生の注目をひくことができる。

③ 逃避・回避

嫌な状況から逃げたい，または，嫌な状況を回避できる。

例：かんしゃくを起こしてプリントをびりびりに破き，先生からやらなくていい！　と怒られる。

→かんしゃく（問題行動）は苦手な課題をやらずに済ますための手段となっている。

または，感覚の問題をもっている子ども（本書39～41ページ）の場合，感覚機能をもっていることもあります。

④ 感覚強化

好きな感覚刺激をえることで落ちつく。

例：集中するために，鉛筆をかじる。

→鉛筆をかじる（問題行動）は集中し続けるのに役立っている。

⑤ 感覚の回避

嫌な感覚刺激を避けるために別の感覚刺激を取り入れる。

例：先生からの大声の叱責を受け，不安が高まったのを鎮めるために，自分の手をかむ。

→手をかむ（問題行動）は大声での叱責という嫌な感覚を紛らわすのに役立っている。

4-2　ペナルティの上手なつかい方

「許しがたい行動」，つまり，人や物を傷つける行動に対しては，「安全な枠を設ける」という点からペナルティ（罰）を用います。今のわが子には，自分で自分の行動をコントロールすることが困難であると考え，親が枠組みを与えることで安全性を確保するということです。たとえば，子どもがブロックをうまく積めなかったことに怒って「ブロックを投げた」，ペナルティとして「ブロックが10分間使えない」を用いたとします。これは自分ではコントロールできないので，親がブロックを取りあげるという枠を設けたことになります。遊んでいたブロックが使えなくなったことがペナルティです。

(1)　ペナルティの実行の仕方

①　行動を選ぶ

まず「許しがたい行動」をひとつ選びます。その行動にうまく対応できるようになったら，次の問題行動に移ります。ペナルティを多用すると親子関係が険悪になるだけでなく，「どうせ，またペナルティなんでしょ」「いいよ，ペナルティでも」と開き直る行動を引きだすことにもなりかねません。そうなると効果はまったくありません。ペナルティはたくさんのほめ言葉があるなかで使ってこそ，効果を発揮します。

②　警告（イエローカード）を出す

指示の工夫を使って，指示をします。何度かCCQで繰り返します。それでも従わないときは「警告」にうつります。

「警告」は子どもが指示に従いやすくするためのものです。効果的な「警告」にするために次の点に気をつけましょう。そして，警告は「ほめる」をえるラストチャンスでもあります。警告で従ったらほめましょう。

Point 2　効果的な「警告」にするために

○「警告」は1回だけです。
○従わなかったときのペナルティを明確に伝えます。
○「警告」は子どもが指示に従う最後のチャンスです，従ったらほめましょう。

それでは先ほどの例を使って，一緒に考えてみましょう。

Work 1

子どもがブロックをうまく積めなかったことに怒って，ブロックを投げてしまいました。これに対してお母さんが「警告」を与えます。

この例では，効果的な警告は「もしブロックを投げるなら10分間それを片づける」です。では，次の警告は効果的でしょうか。考えてみてください。

例１：それをやめないとなにが起こるかわかっているね。

→曖昧なので伝わりません。また，子どもが字義通りに受け取って，「何が起こるの？」とたずねてきたら親のイライラがさらに増す可能性が大きいです。

例２：今度投げたら外に捨てるわよ。

→ペナルティは実行可能なものにしましょう，脅し文句ではありません。捨てなかったら，子どもは「言うだけだ，どうせ捨てっこない」と思うかも知れません。もし捨てたら，次に遊ぶときに買わされる羽目になるかも知れません。また，ペナルティは重いものにする必要はありません。

例３：もしブロックを投げるなら10分間それを取りあげます。

→これはどういう点が効果的なのでしょうか。次に書いた「⑵　ペナルティのコツ」の条件を満たしているからです。

③　本人の選択した結果として責任を負わせる＝ペナルティを実行する

「ブロックを投げる」行動に対して，警告が出されました。これは，子どもにとってラストチャンスです。警告をきいて投げるのをやめて「ほめる」をえるのか，「ペナルティ」をえるのか，選択するのは子ども自身です。もし，警告を出しても言うことをきかず，ブロックを投げ続けたとしたら，本人が「ほめる」よりも「ペナルティ」を選択したと考え，速やかにペナルティを実行します。

図４−３に示したように，子どもには言うことをきいて「ほめる」をえるチャンスが何回も用意されているのです。子どもが選択した結果として，その後の行動（親の対応）があるのです。

⑵　ペナルティ（罰）のコツ

ペナルティとは，自分の選択した結果として与えられるものという考え方でした。ということは，子どもが自分のとった行動とペナルティとの結びつきを理解できていることが肝心です。

適切なペナルティにするためのコツは以下の４点です。

①　取り去ること

子どもにとっては取られたくないもので，親の心が痛まないものを取り去ります。

②　即座にすること

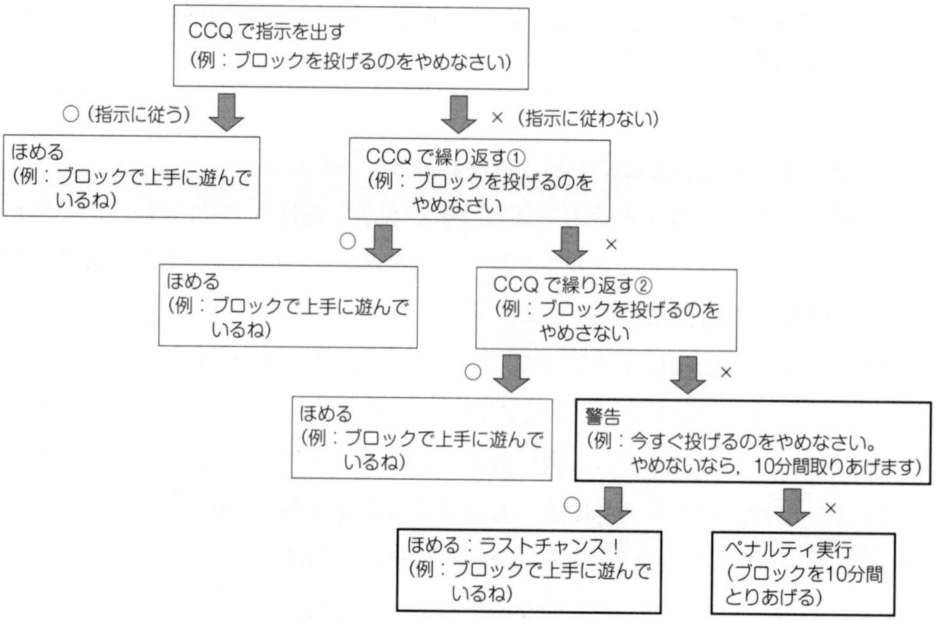

図 4－3 「許しがたい行動」への対応例

出所：筆者作成。

警告の後に従わなかったら即実行です。

③　短時間であること

たとえば，ブロックが10分間使えない，ゲームの時間が５分減るなどです。

④　やり通すこと

やり通せるように，現実で実行可能なペナルティを選びましょう。

さて，上の４つを考えたときに，ペナルティにはどのようなものが適切でしょうか。例として以下のようなものがあげられます。

「ゲームをやめなさい」と指示の工夫をしたがやめなかったので「翌日のゲームの時間が５分間減る」，「テレビを消しなさい」と指示の工夫をして伝えたが消せなかったので「翌日のテレビの時間が５分間減る」というペナルティがあります。子ども自身の行動と結果がわかりやすいペナルティです。しかも，子どもは５分間でもゲームやテレビの時間が減るとひどく損をした気持ちになりますが，ゲームやテレビの時間は短いほうがよいと思ってる親にとってはまったく心が痛まないペナルティです。心置きなく実行することができるでしょう。

「きょうだいげんか」に対しては「５分間別々の部屋で遊ぶ」というペナルティが考えられます。けんかもするけれど，きょうだいは一緒に遊びたがるので，一緒に遊べないことがペナルティになります。ただ，きょうだいげんかはゼロになることはないですし，ゼロにする必要はまったくありません。けんかをしながらお互いの距離感や付き合い方を学んでいくので，けんかは学びのチャンスでもあります。小さなけんかであれば，すぐに手や口を出さず，上手に折り合いをつけられるようになるかどうか見守ることも大切です。うまく遊べているときや，子どもたちだけで解決できたときは大いにほめましょう。けんかの仕方をよく観察して，必要なときには介入しましょう。少しずつ折り合いをつけるのが上手になっていくものです。

「タイムアウト」というペナルティもあります。タイムアウトとは，楽しいことや一切の刺激から離れる時間のことです。年配の方にタイムアウトの話をすると，ときどき，「あぁ，昔，いたずらをした罰に蔵に入れられたことがあります，あれですね」とか「押し入れに閉じ込められたことがあります」というコメントが返ってくることがあります。刺激から離れるという点ではそうかも知れませんが，閉じ込めて怖がらせるのが目的ではありません。また，刺激から離れることで，気持ちを落ちつかせる時間にすることもできます。

タイムアウトは，公の場でも使え，特別な準備がいらないペナルティです。欧米では日常的に用いられていますが，日本では馴染みがないので，実行するには準備が必要です。

Point 3　タイムアウトの練習

1．タイムアウトの場所を選びます。
大人の目が届くところで，暗いところや閉じ込めるような場所ではなく，危険なものや楽しいものがないところに椅子をおきます。
2．タイムアウトの時間を決めます。
子どもの年齢1歳につき1分が目安と言われていますが，長くても5分くらいです。練習では，1分間のタイムアウトをやってみましょう。
3．キッチンタイマーを1分にセットします。
4．1分たってタイマーがなったら「タイムアウト終わり」と伝えます。

(3)　ペナルティが終わったら？

ペナルティが終わったら，それで「終わり」です。お説教や慰めの言葉は不要です。先ほどの例でいうと，「どうしてブロックが10分間使えなかったかわかってるよね。ブロックを投げたら危ないでしょう」などの言葉かけは不要です。そのような説明は，指示のときに伝えておくか，ルールとして事前に明確に伝えておきます。「警告→ペナルティの実行」は，子どもはなぜペナルティを受けることになったのか十分理解できていることが前提です。自分で自分の行動をコントロールできなかったために，その責任を自分で取るという体験になります。理解できていないのであれば，理解できるように伝える工夫が先に必要となります。

また，ペナルティは重いものである必要はなく，短くても本人にとって意味があるもので，親にとっては心が痛まないものという基準を述べました。もし，年に1度しかない誕生日会を中止にするというペナルティを課したら親も心が痛みます。ペナルティを遂行した後で，「誕生日会が中止になってがっかりしたよね。お母さんもあなたを悲しませたくはなかったのよ，でもね……」と慰めとお説教を言いたい衝動に駆られるでしょう。楽しみにしていたお出かけの中止もペナルティとしては重いものです。もし，重いペナルティを課すときは，必ず事前に警告をしましょう。怒りに任せて，突然，「週末の遊園地はやめにする！」なんて言うのは，なしにしましょう。親が感情をコントロールするモデルになるためにも。

Work 2

CCQ で指示を繰り返しても宿題をしようとしないミカちゃんに「警告」を出してみましょう。どのような警告を出しますか。

たとえば，「今すぐ宿題を始めないとテレビの時間が10分減るわよ」，という警告，これはどうでしょうか。具体的で，ペナルティが明確に伝えられているので OK です。

では，「宿題をしなさい，さもないと今週は遊べないわよ」，という警告，これはどうでしょうか。これは改善の余地ありなのですが，どこがよくないのでしょうか。

この警告を出したのが金曜日だとしたら，今週はもうすぐ終わりなのでよいのです。しかし，これが月曜日だとしたら，今週はまだ先が長いですね。火曜日に宿題をしなかったときに「遊べない」というペナルティはもう使えません。それに，子どものほうも「どうせ遊べないんだからいいや」とやけになって宿題をやらないかも知れません。

または，翌日はなぜ遊べないのか覚えていても，数日経つと，なぜ遊べないのかその理由を忘れてしまうかも知れません。ペナルティとは自分の行動の責任を自分で取ることでした。何のためのペナルティか忘れてしまったのでは意味がありません。

また，ペナルティは「やり通すこと」という条件がありました。今週ずっと遊べないというペナルティをやり通すには，親のほうもずっと子どもが遊ばないように管理していなくてはなりません。翌日だけならまだしも，何日も管理し続けるのは大変です。ペナルティは短いもので十分です。

(4) 体罰は使わない！

ペアレント・トレーニングのプログラムでは原則として体罰は使いません。なぜなら，体罰は以下にあげるようなリスクが高いからです。

①　肝心の中身が伝わらないリスク

ジンくんのお父さんは，これまで「しつけ」としてときどき体罰をつかっていました。ご自身も子どものころ，体罰を受けていたといいます。ペナルティの考え方を話したときに，こう感想を述べられました。「たしかに，殴られたのは覚えているけれど，なぜ殴られたのかは覚えていないですね。ただ，嵐が通り過ぎるのを待っていました。それでは何も伝わらないですね」。

体罰は肝心の中身を伝え損なうリスクがあります。親の言うことが伝わっていなくても，子どもが痛い／怖いからいうことをきくので，親は伝わったものと思い込んでしまいます。

岡本（2005）は「しつけ」の語源を「（着物を）仕付ける」からきているとし，着物を縫うときにあらかじめ形を整えるために仮に縫いつけておくのがしつけであると説明しています。着物が縫いあがると，しつけの糸は外されるものであることをひき，本来「しつけ」とは「外すこと」が前提となっている，「外す」ことが子どもの発達にとって重要であると論じています。体罰により言うことをきいても，中身が伝わっていないとしたら，仕付け糸（しつけの糸）を外したら崩れてしまうでしょう。

②　エスカレートするリスク

体罰をするとき，する側は感情的になっていることが大半です。怒りなどのネガティブな感情に支配されていると体罰はエスカレートするリスクが高いのです。それは「しつけ」ではありません。暴力です。

③　暴力で人をコントロールする／されることを学ぶリスク

体罰は即効性があります。子どもは痛い／怖いから従います。しかし，それは自分で自分をコントロールすることにつながりません。恐怖や痛みで支配されることを学ぶリスクが高くなります。また，恐怖や痛みで人を支配するモデルを示すことになります。

ペナルティは脅したり叩いたりして痛い思いをさせる，懲りさせることではありません。自分の行動に自分で責任を取る体験を通して，自分の行動をコントロールする力を身につけることを目指しています。

ペアレント・トレーニングで学ぶスキルは何のために用いるのかを再度，確認しておきましょう。子どもが自分で自分の行動をコントロールする力を身につけられるようにすること，子どもが自分は大切な存在であるという感覚を打ち立てられるようにすること，親子関係を温かいものにすること，です。

【コラム】 間違えること≠悪いこと

Fine & Kotkin（2003）は，発達障害の子どもたちのケアに携わるなかで，子どもたちが自分たち自身を信じる姿勢を培うのに苦労すると述べています。他者と異なることで経験してきた不公平さ，自分がダメなんだと思いこまされる体験などから「うまくいかない」という感じを抱きやすい子どもたちに対して，健全な自尊心（self-esteem）を育む支援が大切だといい，そのために子どもに伝えるべき信念（belief）6つをあげています。

① 間違えることはOKである

間違いは誰もがすることです。間違いをすることは避けることはできず，そして，間違ったらそれに対処すればよいだけのことです。子どもが知るべきことは，失敗は出来事であって人そのものではない（＝あなたが失敗したのは「出来事」であって，あなた自身が失敗者ということではない）ということです。子どもの身近にいる親や教師などの大人は，子どもに間違うことと罪を混同させないように気をつけましょう。ケネディは「あえて失敗した人だけが偉大なことを達成できる」と言いましたが，多くの失敗の先に何かを成し遂げたという結果があるのです。

② 私の今日の1日は私の責任である

自分の運命を思い通りに操作できたらと思うかもしれませんが，それは無理な話です。私たちにできるのは，今，自分がどう感じるか，今，自分が何をするかなのです。

③ 物事が悪い方向にいったとしても何とか対応することができる

結果がいつも思い通りになるわけではないということを知り，そうならなかったときにリラックスすることを学ぶ必要があります。物事はうまくいくときもあればうまくいかないときもある，そして，うまくいかないときでも何とかすることはできるのです。発達に凸凹があってうまくできないことがあるならそれを補う計画を立て実行しましょう。過去を変えることはできませんが，未来を変える力を自分がもっていることを忘れてはなりません。

④ 試してみることは重要である

これは非常に重要な考えです。チャレンジに満ちている毎日の生活のなかでの心構えです。困難な課題に直面したとき，まったく避けるよりは試してみることが大切です。努力した分，価値ある結果がえられます。チャレンジ精神をもち続けましょう。

⑤ 私には力がある

自分をリスペクトする，自分に敬意をもつ感覚を養う必要があります。また，自分の力を他人と比べるべきではありません。これは難しいことですが，すべての子どもに「私には力があり，何かを成し遂げることができる」という考えが必要です。成し遂げられることは子どもによって異なりますが，力があるという考えには違いはありません。どの子どもにも必要で，あるべきものです。どんな状況でも，欠けていることを嘆くのではなく，できることを目指していくことが必要なのです。

⑥ 私は変わることができる

自分の行動を変えることができると知ることが必要です。日々新しい体験をし，そのことが自分の人生に影響していることを感じるでしょう。たとえば，行動のコントロールや勉強がうまくやれず，これではダメだ……と感じることもあるでしょう。しかし，努力によって自分の力を高めることができることを知っておきましょう。残念なことに，すでに自分のできること

（行動）は決められているんだ，とネガティブに思い込んでいる子どももいます。しかし，自分の人生に（自分は）インパクトを与えることができるんだと思っていると，自分のもっている力が引き出されて，思いもよらない結果がもたらされることがあるのです！　自分の行動を変えることができるのは自分であることを覚えておきましょう（筆者意訳）。

子どもは成長する存在ですから，まだまだできないことや失敗することがあって当然です。子どもが安心して失敗できるように，大人である私たちは見守り，励ます存在でありたいものです。決して責めることのないように。

(5)　やらないのか，やれないのか

ペナルティとは，自分の行動の結果を自分で引き受けること，と先に説明しました。それは，「積み木を投げたら，その積み木で５分間遊べない」「ゲームの時間を守れなかったら翌日のゲームの時間が５分減る」，そういったことでした。できないことに対しては，そのことで危険な状態にならないように安全な枠をつくることが肝心です。

「できないこと」について，もうひとつ考えておくべきポイントがあります。それは，今，目の前にいる子どもが，そのことを「（できるのに）やらないのか」「やれないのか」を考えてみることです。

たとえば，８歳のリコちゃんの「許しがたい行動」のひとつに，「友達の鉛筆を盗む」という行動がありました。「盗む」のは社会のルールに反する行動です，お母さんは厳しく叱りました。しかし，よく話をきいてみると，リコちゃんにとっては，自分の筆箱に鉛筆がなかったので，隣の席の友達の鉛筆を「借りた」という認識でした。ただ，「貸して」と声をかけずに黙って借りたこと，借りた後，返し忘れて自分の筆箱に入れてしまったことで，「盗んだ」となったのでした。この場合は，ペナルティで対応するよりも，人に物を借りるときの方法を教えることが必要です。

また，10歳のシンちゃんは，後ろの席の子から言葉でからかわれていました。やめてほしいのですが，うまくそれを伝えられず，あるとき，その子の大切にしているものを「盗んで」ゴミ箱に捨てるという行動をとりました。シンちゃんの行動は「許しがたい行動」です。たいてい，このような場合，謝罪ということが教えられると思われますが，並行して，適切なコミュニケーションを教えることも必要です。やめて欲しいことを伝えることができず，怒りが積もり積もって復讐の形になったのです。

困ったときに誰かに相談するスキル，自分の感情に気づき対処できるスキルも学べるとよいでしょう。

このように，問題行動はペナルティだけで解決すると考えるのではなく，適切なスキルを学ぶチャンスととらえることも大切です。

4-3.「行動チャート」を活用する

タクミくんは野球が好きな９歳の男の子。毎週土曜日は学校でみんなと野球の練習をしています。試合が近づくと平日も朝練があり，30分早めに学校に行って練習をするのだと張り切っています。お母さんが困っているのは忘れ物が多いことです。毎朝「筆箱入れた？　宿題もった？　野球のグローブもった？　水筒入れた？」と一つひとつ声かけをしています。起きてから登校するまで，お母さんの気は休まりません。朝は時間がないのに，テレビをみていたり，弟とけんかを始めたり，いつまでも朝ご飯を食べていたりします。「ほら，遅刻しちゃうわよ，早く○○しなさい！」と何度も声をかけています。そろそろ必要な持ち物は自分でそろえて欲しい，朝起きてから学校に行くまでやることは決まっているのだから時計をみながら自分で動いて欲しいとお母さんは思っています。

しかし，氷山モデル（本書52ページ）を思い出してください。忘れ物をする，見通しをもって動けない，といった行動には何らかの特性が水面下にあるのです。タクミくんが忘れ物や遅刻をせず登校できるようにするためには，時間の流れが把握できるような工夫があると役立ちそうです。ここでは，時間の流れを「視覚化」する方法，行動チャートの作成と活用について説明します。

行動チャートは，朝起きてから学校に行くまで，夕飯を食べてから寝るまでなど，限られた時間にやることがたくさんある嵐のような時間帯を，平和でスムーズにすすめるのに役立ちます。

Point 4　行動チャートを作成する際のポイント

○　あなたにも子どもにもその課題をやり遂げるのに十分な時間がとってあること。
→たとえば，子どもは朝食を食べ終えるのにどのくらいの時間がかかりますか？　５分で食べ終える子どももいれば，20分かけてゆっくりと食べる子もいます。朝ベッドから起きるのにどのくらいの時間がかかりますか？　声をかけたら１回で起きる子どももいれば，目覚ましが３回なって，声かけを２回してようやく起きる子もいます。子どもの行動のペースにあわせて，必要な時間をとりましょう。理想のスケジュールではなく，現実的なスケジュールです。そうすればあなたは子どもを能力以上に追い立てることをしなくて済むでしょう。

○　もっともよい順番にステップがならんでいること。
→あるステップが次のステップをしやすくするようになっているとよいでしょう。たとえば，動線を考えてみます。２階にランドセルや洋服があるのであれば，着替えを取りに行くときに，ランドセルも取ってくるとよいでしょう。また，着替えてから朝食が理想だったとしても，食べこぼしが多くて気になるならパジャマのまま朝食にして，食事が終わってから着替えをするほうがお互いに楽かもしれません。

○　あなたが手伝う必要性を組み込むこと。

→子どもがひとりですべてやってくれたら助かりますが，現実的に考えるとそうはいきません。あなたが手伝う必要があるものは手伝いましょう。その場合，どのタイミングでどんな手伝いが必要かを考えて，ちょうどよいときにちょうどよい場所にあなたがいられるようにしましょう。

また，いったんできるようにはなっても，日によってできたりできなかったりする行動もあります，子どもが自分でできないときに手伝うことを念頭において，チャートを作成します。

(1)「行動チャート」を作成する

さて，行動チャートを作成するポイントがわかったら，いよいよチャートの作成に入ります。次の手順でチャートを作成してみましょう。

①　どの時間帯のチャートをつくるかを決める

まず，時間帯を選びます。１日のなかで大変で混乱しやすい時間帯を取りあげます。たとえば，朝起きてから学校に行くまで，学校から帰って宿題を終えるまで，夕飯が終わってから寝るまで，などがよくあげられます。

②　その時間帯に子どもがしなければならない行動を６つほど選ぶ

６つの行動の内訳は，子どもがすすんでする行動（週のうち４～５回できる行動：◎）を３つ，ときどきする行動（週のうち２～３回できる行動：○）を２つ，まれにしかしない行動（週のうち１回程度の行動：△）を１つの割合になるように選びます。

③　選んだ行動を時間の流れにそって並び替える

子どもの協力がえられやすいように工夫をしましょう。たとえば，「すすんでする行動」の後に「ときどきする行動」をもってくるのは有効です。「すすんでする行動」はほとんどできる行動のはずですから，その行動をとることでほめられます。子どもはほめられることで協力的になるので，次の行動がスムーズになります。

④　どんな手助けが必要かを考える

どのくらい助けが必要か，また誰が助けるかをチャートに記入しましょう（たとえば，声かけの回数，手伝う人など具体的に記入します）。年少の子どもの場合，または，年長の子どもでも何か新しいことを始める場合，最初は手伝うことが必要になります。

(2)　よりよい行動チャートの使い方

さて，どのような行動チャートができたでしょうか。しかし，それはまだ完成版ではありません。今，あなたが作成したのは行動チャート（案）です。ここでは，完成

表4－1　リュウタくん（10歳）の行動チャート（案）

ベッドから起きる	6：50までに，声かけ2回（母が声かけ）	◎
着替え	7：05までに，声かけ1回（母が声かけ）	○
メダカにエサをやる	7：35までに	◎
ランドセルの用意	7：45までに	◎
歯を磨く	8：00までに，声かけ3回まで（母が声かけ）	△
ドアの外に出る	8：05までに	○

注：◎：すすんでする行動，○：ときどきする行動，△：まれにしかしない行動
出所：筆者作成。

版をどのようにつくるか，完成版をどのように活用するかについて説明します。

①　行動チャート（案）を完成させる（表4－1）

②　行動チャートが適切かどうかのチェックをする

1週間～10日間くらい，子どもを観察し，①で作成した行動チャートにどれくらい○がつくか，こっそり記録をつけます。行動を選ぶ基準として，6つのうち3つは週のうち4～5日できる行動にするとしました。1日6つの項目としたとき，月曜日から金曜日までの5日間では全部で30個の欄ができます。さて，そのうち半分以上（＝15個以上）に○がつく表になっているでしょうか。

半分以上は○がつくチャートであれば，その行動チャートは基準を満たしていることになります。子どもにとって適切な行動チャートであることが確認できたら，「よりよい行動チャート（完成版）」に進みます。

③　行動チャート（完成版）をつくる

チャートに行動を書き入れ，色をつけたり，イラストを入れたりしましょう。チャートの言葉や絵は子どもがみてわかるものにします。子どもがみてわかるものにすることは，あなたの小言や指示を減らすのに役立ちます。「ほら，チャートをみてごらん」で済みますから（図4－4）。

④　家族で話し合いの時間をもつ

行動チャートを子どもにみせながら説明をします。たとえば，朝起きてから学校に行くまでを作成したとしたら，「これは，朝やることの表です。これがあるとあなたも動きやすくなると思ってつくったのよ。そして，これは全部○がつかなくてはいけないというものではないのよ。あなたができたところをみつけるためのチャートだから，できるところを増やしていこうね」など子どもにわかるように説明します。

説明のポイントは，あなたが行動しやすくなるのを助けてくれる表であること，できたところをみつけるための表であるという2点を伝えることです。全部○をつけなくてはいけないと思い込んで，○がつかないと不安になってしまう子どもには特に，誤解のないように丁寧に伝えてください。

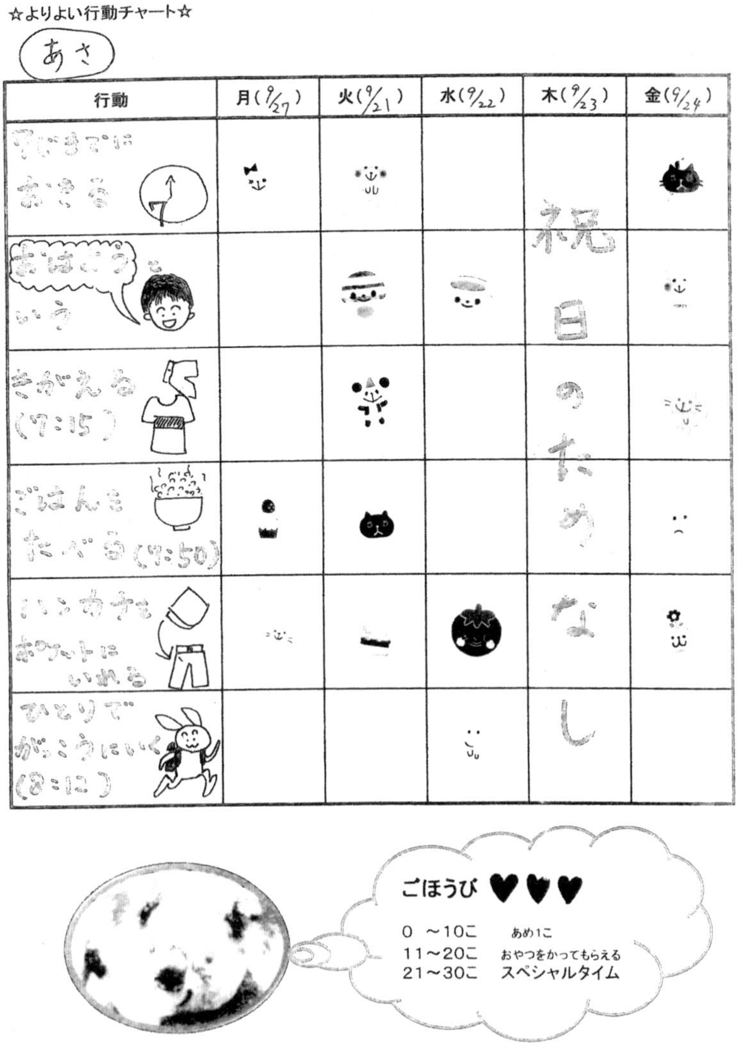
☆よりよい行動チャート☆
あさ
行動
月（9/27）
火（9/21）
水（9/22）
木（9/23）
金（9/24）
7じまでにおきる
おはようという
きがえる（7:15）
ごはんをたべる（7:50）
ハンカチをポケットにいれる
ひとりでがっこうにいく（8:10）
祝日のためなし
ごほうび
0 〜10こ　あめ1こ
11〜20こ　おやつをかってもらえる
21〜30こ　スペシャルタイム

図4－4　行動チャートの例

出所：筆者撮影。

そして，チャートは子どもの望むところで，目につきやすいところに貼りましょう。

⑤　ごほうびや特典を決める

○がたまったら得られるごほうびを決めます。高価なものでなくてよいのです。3－5でご紹介したスペシャルタイムもごほうびとして使えます。

ごほうびは子どもの性格や好みを考えて決めましょう。たとえば，「○が20個たまったらごほうび」と決めたとします。20個たまるとそれでよしと思ってしまい，それ以上取り組もうとしなくなるタイプの子どもの場合は，○が30個（パーフェクト！）だったら……，○が20個以上30個未満だったら……，というように2段階のごほうびにすることもできます。あるお母さんは○が30個以上たまったらお菓子ボックス（大きな箱に個包装のチョコレートや飴などを入れておく）から３回つかみ取りができる，20個以上だったら２回，15個以上だったら１回と決めました。または，○ひとつをスタンプひとつとして，たまったスタンプの数に応じて特典やごほうびを決めるやり方もありました。ごほうびは高価なものでなくてよいのです。つかみ取り，くじ引きなど，ちょっとしたことでも楽しめるものや子どもが喜びそうなごほうびを考えてみましょう。

そして，何よりも大切なのは「ほめる」ことです。「今日は朝，着替えができたね」「時間までに歯磨きが終わったね」などたくさん認める声かけをしましょう，ほめる機会を増やすための行動チャートです。

⑥　子どもがその行動をしたときは，すぐに○をつけるかシールを貼るなどしてほめる

行動チャートに書かれた行動をしたときは，すぐに○をつける，シールを貼るなどしながら，できたことに注目をしましょう。

⑦　毎日１日の終わりに，子どもと一緒に行動チャートをみて，子どもがその日にやれたことをほめる。週末にはごほうびや特典をわたす

「今日は歯磨きができたね。時間までに着替えが終わっていたね。○が４つたまったね！」などできたことについてコメントします。数日経つと忘れてしまうので，その日の内に「ほめる」というのがポイントです。そして，週末にたまった○の数で，子どもはごほうびをえることができます。

⑧　うまくいかなかったことには注目せず，子どもがやれた行動にだけ注目する

「行動チャート」はほめるための表です。子どもがやれなくてもその欄に×はつけません。空欄のままにしておきます。○（やれた行動）に焦点を当てるのです。

この「行動チャート」が成功するのは，否定的なことが一切ないからです。似たような表はありますが，その多くはできないところをなくすことが目的となっています。その場合，○がつく行動，すなわち，すでにできている行動は書き込まれず，できない行動がたくさん書き出されます。自分でできないことを明らかにするために取り組むのにそういった表は役に立ちますが，やらされる身としては，できないことばかり羅列された表はみたくもなくなるでしょう。

この行動チャートは違います。「できたこと」をみつけるための表，ほめられるための表なのです。無理せずとも半分は○がつく表です，小言や罰はなく，あるのはたくさんの承認（認めること）・ほめ言葉です。多くの子どもはこの表を喜んで活用しますが，なかにはなじまない子どももいるかも知れません。その場合は，無理して使わず他の方法を活用しましょう。しかし，忙しい時間帯の行動チャートをつくることは，親の頭の整理には役立つようです。それぞれの活用の仕方を考えてみてください。

4-4．支援の目的は何か？

発達障害をもつ子どものケアは，「治す」のではなく「補う」ことであるといわれています。自閉症や ADHD を「治す」のではありません。第1章で述べたように，そもそも脳の働き方が異なっているのですから，それを修正すべきものとは考えません。多様な発達の在りようがあるのです。ただ，そのために，子どもや家族が生活に困難を抱えていたら，そこには支援が必要です。支援の目的は，発達障害（または特性）をもつことによるマイナスの影響を最小限にし，子どもが本来もっている能力を発揮し，自己評価を高め，自尊心を培うことです。

第3章，第4章ではペアレント・トレーニングで扱うスキルを紹介しましたが，それだけですべてに対応できるわけではありません。発達障害のケアはニーズに応じて，多面的であることが推奨されています（図4-5）。

あらゆる支援は次の目標のために行われます。それは，子どもが自分には「能力がある」という感覚を育むことです。「能力がある」という感覚は，テストで100点を取った，校内で表彰されたという素晴らしい出来事だけから育まれるのではありません。日々のちょっとした小さな成功の積み重ねです。図工の時間に自分なりに満足した絵を完成できた達成感やうれしさ，それを先生にほめられた誇らしさ，苦手な漢字テストで70点が取れてお母さんがほめてくれた，友達とけんかしたけど仲直りできてうれしかった，飼っていたメダカが卵を産んだ，一つひとつの小さくて短い成功体験が，やがて持続した「自分は能力がある」という感覚に育っていくのです。子どもたちが「私はできるのだ」という感覚を味わうことができるように支援プランを作成し，様々な工夫をしながら子どもの自尊心を育んでいきましょう。

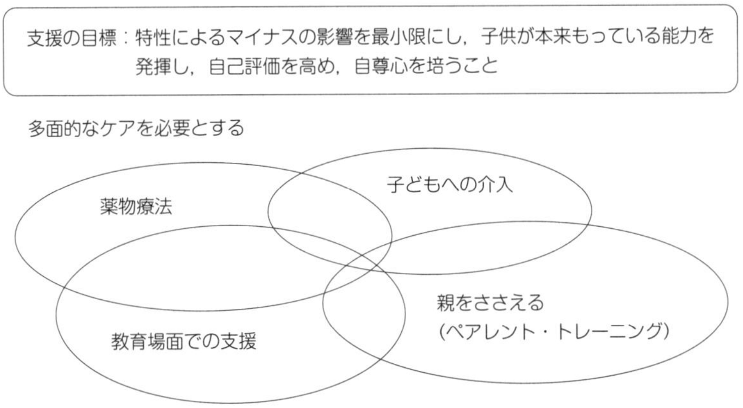

図4-5　多面的なケア

出所：筆者作成。

第 5 章

社会のなかで育つ子ども
――「孤育て」にならないために――

私たちは，子どもに問題行動があると親や家族に問題があるのではないかと考えがちです。たとえば，少年事件が起こると，メディアは必ずその家族を取りあげます。親はどういう育て方をしたのか，親は何をしていたのかということに関心が集まり，親の責任を問う声があがります。一方，子どもが何か問題を起こすと，親は自分の育て方や関わり方に問題があったのではないかと思い，自分を責めてしまいがちです。

滝川は「親」であることの意味と責任について，次のような例をあげて論じています（滝川，2012：59-64）。オリンピックで金メダルをとった場合，インタビューで選手自身は「（金メダルが取れたのは）両親のおかげです」「両親に感謝しています」などとコメントし，親のほうは「（どのように育てられたのかと問われて）親としては格別なことはしていない，応援してくださった皆さまのおかげです」「息子ががんばりました」とコメントするだろう，そして，そのようなコメントに対して世間は素晴らしい子どもであり親であると称讃するだろう。一方，犯罪行為が起こった場合には，子どもが「親のせいです」，親が「私は関係ありません」とコメントすると，何たることだと叩くであろう。このように，ポジティブな行為や結果は他人のおかげ，ネガティブな行為や結果は自分のせいというのは論理的に不整合であり，そして，このような一見矛盾した反応が起こるのは，親子という特別な関係ゆえのことであると論じています。親というのはわが子が何かを成し遂げたときにはわが事のようにうれしく誇らしく思い，何かをしでかしたときにはわが事のようにつらく耐えがたい衝撃を受ける，それらは理屈以前に起こるものであり，それらをエロス的情愛関係という言葉で考察しています。

親子関係という特別な関係が，理屈以前にわき起こる情愛をはらむものであるという点はあるとしても，はたして，子どもの問題は親の育て方の問題なのでしょうか。子どもの育ちに親はどの程度影響を及ぼすのでしょうか。第５章では，子どもが関係性のなかで育つという視点から，親子の関わり，親子を含む社会との関わりについて考えてみたいと思います。

5-1．人と人の間で育つ子どもの心

第１章で私たちの存在は一人ひとり異なっていることに触れました。あなたと同じ遺伝子の並び方をもっているのは世界中にあなただけです。そして，発達というのは「遺伝」と「環境」の相互作用でした。つまり，生まれながらに，「私」という種をもって生まれ，様々な人との関わりのなかで様々な刺激を受け取りながら「私」を育んできたのです。

ところで，あなたは「『私』である」ということをどのように認識していますか？なぜ，「『私』である」と確信できるのでしょうか。「考える『私』」がいる，「感じる『私』」がいる，「意思決定し行動している『私』」がいるなど，自分の心が在ることを理由にあげた方もいるでしょう。「われ思う，ゆえにわれあり」といった哲学者デカルトは，真理を探究するのに「考えている自分」を出発点にしました。

では，自分（「私」）の「心」はどのように育つのでしょうか。吉川（1998）は「こころは人と人の間で育つ」と説明しています（図5-1）。

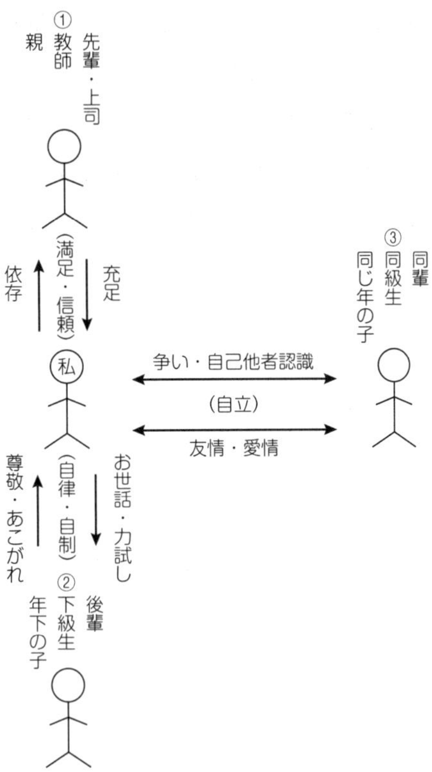

図5-1　人と人の間で育つ心

出所：吉川（1998）の説明をもとに筆者作成。

この図5-1の真ん中は「自分」です。まず縦列をみてみましょう。「自分」の上には①親，教師，先輩・上司がきます。「自分」の下には②年下の子，下級生，後輩がきます。次に横列をみましょう。「自分」の横に③同い年の子，同級生，同輩がきます。このように「自分」を中心に置き，自分よりも上の人との関係，下との関係，自分と同年代との関係という枠組みで，心の発達を説明しています。

まず①のグループ，上半分との人間関係です。人は生まれたときから人に依存する存在であり，依存が満たされることでその人を信頼するようになります。多くの場合，最初に出会う依存の相手は「親」なるものです。子どもは空腹や疲れなどの不快感を泣くことで伝え，親はそれを取り除き，子どもは心地良さを取り戻す体験をします。それらの営みが繰り返されることで子どもは親との間に信頼感を育みます。この信頼感は，最初は親との間で育まれますが，やがて，園や学校での先生との関係，近所のおじさんやおばさん，習い事の先生や所属するチームのコーチ，職場では上司や先輩など，成長しその世界が拡がるに連れて，様々な人たちとの間で信頼関係が築かれていきます。①のグループで人を「信頼」することを学んだ人は，自分が人を信じることができるという自信をもつことができます。また，人から信頼されているという自信をもつようになります。

①のグループで人間関係の基本を学べたと自信がついた子どもは，上半分の人間関

係のみという状態から抜け出す勇気をもち，自分よりも年下の子どもとの関係を結ぼうとする，これが②のグループである下半分の人間関係になります。年下の子どものお世話をしたり，年下の子どもに力を示すことで，尊敬されたり，憧れを寄せられたりします。しかし，お世話のしすぎや力の示しすぎになると，嫌がられ，尊敬や憧れは返ってきません。ここで，子どもは自律心や自制心といったセルフコントロールを身につけます。セルフコントロールがうまくできなければ人間関係がうまく結べないことを学びます。

①のグループで基本的な自信，②のグループでセルフコントロールを身につけたことが，③のグループの横軸の人間関係の構築に活かされていきます。③のグループは同い年同士の関係です。①や②のグループの「面倒をみる・みられる」という関係には余裕がありますが，③のグループは対等な関係なので争いが起こります。しかし，争うことで，他者と自分の関係を知り，他者を通して自分のことがわかってくるのです。

小学校での体験をふりかえってみてください。運動会で高学年リレーという競技がありましたよね。小学校４年生から６年生までの各クラスから足の速い児童が選手として選ばれ，縦割りでチームをつくってリレーをします。選別メンバーによるリレーは運動会のなかでも盛りあがる競技です。選手は50メートルをクラスで走って競い勝った子どもたち，自分は運動音痴だから絶対に無理と最初からあきらめている子どももいれば，足の速さには自信があって選手に選ばれたかったのに惜しくも選ばれずがっかりした子どもたちもいたはずです。その他，テストや授業，作文や絵のコンクール，休み時間の遊び，様々な場面で力を競い合い，お互いの得手不得手を認識する場面があったでしょう。

このように同い年どうしの間で競争があることで，自己認識や他者認識が育ちます。そして，自分や他者のことがよくわかるようになると，自分の力を他者に分け与え，自分に足りないところは他者の助けを借りることができるようになり，共に生活できるようになります。そのような生活を通して，思いやりや真の友情が育まれていくでしょう。後には人生を共にするパートナーとの愛情を分かち合うこともできるようになるでしょう。

このように，子どもは人の間で育っていきます。親子関係は大切なものではありますが，人間関係のひとつに過ぎないのです。親との信頼関係はベースになりますが，それだけで「こころ」が育っていくわけではありません。親との親密な関係を土台に世界は拡がっていき，その多様な関係性のなかで，子どもの「こころ」は育っていきます。

5-2．「こころ」の在りようはそれぞれの関係のなかに

子どもが出会う最初の社会は家族です。そして，図5-1にあるように，最初の対人関係は親，特に，「母親」（必ずしも実母である必要はないのですが，便宜上，母なるものということで「母親」と称します）との関係です。発達心理学では，子どもの人格形成や認知発達，その後の対人関係に影響を与えるものとして，「母親」との安定した愛着が大切であるといわれています。愛着とは，ボウルビィ，J.によって提唱された概念で，子どもと「母親」との間に形成される情緒的な絆のことです。「母親」との間に築かれた愛着は対人関係の型となり，やがてその対人関係の型が子どもの心のなかにイメージとして内在化され（その型のことを「内的ワーキングモデル」と呼びます），「母親」以外の他者と関係を築く際にもその型が働くという仮説が出されました。その仮説に基づき，様々な研究がなされ，乳幼児期に肯定的な内的ワーキングモデルを形成した子どもは，その後も安定した対人関係を築くことができますが，否定的な内的ワーキングモデルを獲得した子どもは，成人後に不安定な対人関係を示す傾向が認められるとされました。

長くその説は信じられてきましたが，ハリス（2000）は丁寧な論証により，**愛着の安定性は子どものなかに存在するのではなく，子どもの人間関係のなかに存在する**ことを示しました（強調筆者）。「母親」との関係は対人関係をつかさどる脳の発達に影響するものの，子どもの心にひとつだけの内的ワーキングモデルができあがり，それがその後の人間関係に影響するのではないということ，それぞれの人間関係に内的ワーキングモデルが形成されるということを論じました。

また，滝川（2001）は「（『こころ』は）自分のなかにあるのか，外にあるのかわからない。『こころ』の働きとは，それぞれの個体（脳）の内で生起している現象でありながら，その外に共同的な広がりをもち，そこにおいて生起している現象だという矛盾を抱えている」と述べています。つまり，「こころ」は自分のなかにあるようでいて，自分を取り巻く他者との関係によって大きく影響を受けるものであり，自分だけではままならないものであるということです。そのように考えると，つねに「こころ」は変化するものといえるでしょう。ある一時点をみれば，ネガティブな色合いが濃くみえるかもしれませんが，ずっとネガティブであり続けることはできないのです。逆もまたありえます。ある時期，とても安定した対人関係をもっているからずっと安定し続けているという保証はないのです。

ハリスはその著書のなかで自身の体験を紹介しています。彼女は小さいころから活

【コラム】 社会化の土台としての信頼感

サルやチンパンジーなどもそうですが，ヒトも含めて，高度な群れ生活をする哺乳動物は，社会化がなされて初めて「種」として育ちます。それには群れのなかで育つことが不可欠であり，その土台として信頼感があるといえるでしょう。

ニホンザルの子育てからわかることがあります。ニホンザルの子どもは産み落とされることすらなく，股の間から母ザルの両手ですくいあげられ，そのまま胸に抱えられて，数か月を過ごします。母ザルにぴったりとくっついて育った子ザルが母ザルから離れるまで，母ザルは決して焦らず子ザルに対応するそうです。子ザルは母ザルとの間にゆるがない信頼関係を築くと，緩やかに母ザルを離れ，他のサルとの交流をもつようになるそうです（中川，2012）。中川（2012：86）は「最も信頼できるものの存在があって，始めて他への関心がうまれ，社会化への窓が開かれるのであろう」と述べています。

動的で社交的，転校が多い生活だったけれど友達づくりに苦労したことはなく，男女問わず友達の多い子どもだったそうです。ところが，ある学校の風土が合わず，その４年間だけは友達もできなくて，「活発で社交性に富む性格から内気な恥ずかしがり屋へと変貌した」そうです。友達がいなかったため，その数年は本を読むことで紛らわしたそうです。次の転校先では読書でえた知識が功を奏したのか，同級生から「天才」と呼ばれ，数は少ないながらも親しい友達ができたといいます。そのような体験から，ハリスは，「遺伝子はある性格の素因をつくるが，環境によってそれを変えることもできる。その環境とは，『育ち』すなわち親が与える環境ではない。家の外の環境，仲間たちと共有する環境である」（ハリス，2000：186）と述べています。子どもを取り巻く他者は親だけではないのです。もちろん，乳幼児期に安定した対人関係を築くことで育つものは大きく，それがその後の「こころ」の育ちや対人関係の安定につながります。それゆえ，子育て支援の重要性が言われているのですが。

5-3．育てにくい子どもを育てる親の困難さ

子どもは親との間だけではなく，多様な関係性のなかで育つことを述べてきました。「親はなくとも子は育つ」ということわざがありますが，それは産みの親がいなくても，まわりに親代わりになって子どもの面倒をみてくれる温かい人がいることで子どもは育っていくという意味で，勝手にひとりで育っていくわけではありません。つまり，ヒトという「種」は，「親なるものの存在」が必要で，面倒をみられながら（面倒をかけながら）育っていく生き物だといえます。面倒をみる，面倒をかけるという

最初の営みが子育てですが，ここで，育てにくい子どもを育てる親の体験に焦点を当ててみたいと思います。

発達障害がある，または，診断はついていなくても発達に凸凹がある子どもの子育ては，そうでない子どもと比べてより手がかかります。先ほど，子どもの発達をささえるものとして，安定した愛着の形成が大切であると述べましたが，親にとってもそうで，子どもとの安定した相互作用のなかで，親としての満足感や有能感が形成されていくのです。多少手がかかっても，親は子育てを通して満たされる体験をし，わが子の親としてやっていける自信を培っていくのです。しかし，安定した相互作用が築きにくかったとしたら，親はどのような体験をするのでしょうか。面倒なことばかりが多く，報われるどころか落ち込んだりイライラすることが多かったりしたら……発達障害をもつ子どもの子育てについて，当事者は次のように語っています。

○気難しく，泣き出したらなかなかとまらない，とても育てにくい子だった。幼児期，よその子と比べてなかなか覚えられない息子にイライラし，叱ることも多く，叱ると泣く（パニックを起こす），子どもが泣くと親が落ち込むという悪循環だった。
○動けるようになってからの彼は本当に「大変」でした。油断もすきもまったく許されません。歩くようになってからの彼は予測不可能な行動を繰り返すようになりました。振り向けばいないのは当たり前，高い所へ平気で登り，見知らぬところへ出歩いて私がいるかいないかなんて全然お構いなし。まるでゼンマイ仕掛けのおもちゃが何の当てもなく，ただゼンマイが切れるまで動き続けている。そんな感じの激しい動きで一日中動きまわっていました。
○生後６か月ごろから１日４時間くらいしか眠らない睡眠障害と，ひどいかんしゃくに悩まされていましたが，何にもまして私を悩ましたのは，一緒にKと遊ぼうとしても何かが欠けている，何か温かいものが通い合わないという不安でした。「私は母親として失格なのではないか」という思いが頭をよぎることもありました（竹田・山下，2004：19-32）。

これらのコメントからも発達障害をもつ子どもを育てることの困難さがうかがわれます。ペアレント・トレーニングのプログラムに参加される保護者も，子育てに苦労をしていて，どうしてよいかわからず悩みのなかで申し込みをされる方がほとんどです。2006年から2010年までにプログラムに参加された44名に，参加を申し込まれた理由をうかがいました。ほとんどの方が，ご自身の子育てがうまくいっていないことを認識しつつ，どうわが子に関わっていけばよいのかわからないという「無力感」を抱えていました。この無力感は親自身が最初からもっていたのではなく，子どもとのやり取りを通して形づくられたものと考えられます。そこで親はどのような体験をしているのでしょうか。

図５－２は，「不適切な養育行動」「親子関係の悪化」「認知・感情」が相互に影響し

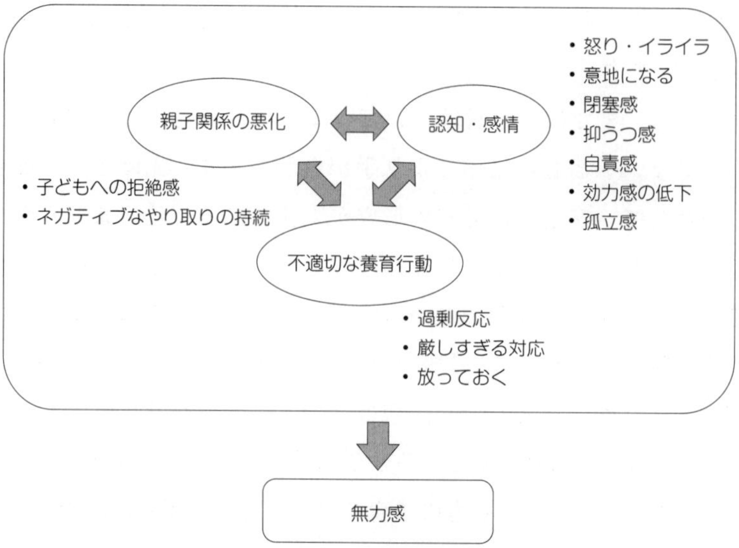

図 5－2　無力感が形成される要因

出所：筆者作成。

あって，無力感が形成されるイメージを示しています。たとえば，「不適切な養育行動」には，過剰反応（「何とか悪いところを直そうと思って延々と小言を言ってしまう」「子どもがぼーっとしていることが多いので，つい次から次へと言いすぎてしまう」など），厳しすぎる対応（「怒鳴る」「叩く」など），放っておく（「怒りたくなくて，自分の部屋に閉じこもる」など）があげられます。

「親子関係の悪化」には，子どもへの拒絶感（「顔をみるのも嫌，そばに来ないで！というときもある」「正直かわいいと思えない」など），ネガティブなやり取りの持続（「お互いにイライラして悪循環が持続する」「怒っている自分も嫌だし，私を怒らせる子どもも嫌で，行きづまってもう嫌というところまでいってしまう」など）があげられます。

親のなかにわいてくる考えや気持ちが「認知・感情」です。「どうして言うことをきいてくれないんだろうとイライラする」（怒り・イライラ）「今やらせるぞと自分が意地になってしまう」（意地になる）「うまくいかず，行き詰り，お先真っ暗という気持ちになる」（閉塞感）などがありました。「自分を責めて落ち込む」「うまくいかないのは自分のせいなんだと自分を追い詰めてしまう」「私がダメだから子どももダメなんだ」「本を読んでもその通りにできない自分を責めてしまう」といった抑うつ感・自責感や効力感の低下，さらには「たったひとりでどつぼにはまっていた」「苦しいのは私だけ」という孤立感を抱えている方も多くみられました。これらの要素がお互いに関連しあって，「無力感」をうみだしていました。

Webster-Stratton（1994）は，難しい子育てにチャレンジしている親は，長期にわたって子どもの問題に直面し続けることになり，あれこれ試し，子どもを理解しようとするが結局はうまくいかず，状況を変えることは不可能であるという無力感をもつリスクが高いと言っています。そして，その親の無力感には，「何をしてもうまくいかない（Nothing works）」「怒りの積み重ねとコントロール感の喪失（Mounting anger and loss of control）」「見返りのない投資（Paradoxical investment）」の３つの要素が含まれると述べています。

親と一緒に子どもの発達を支援していく立場にある人は，まず親がどのような困難さを体験してきたのかを理解することが求められます。その理解のうえに立った支援でないと，親をささえることにはなりません。それがないと，どんなによいプログラムも，方法も，「もっとがんばりなさい」というメッセージとなり，親を追い詰める行為になりかねないのです。

5-4．子育てに必要な３つのゆとり

発達障害と診断されている子ども，発達に凸凹のある子どもを育てることは，チャレンジの連続であることでしょう。しかし一方で，一息ついてふりかえってみると，子育てを通してえられるものは多く，人生を豊かにしてくれるものでもあるのです。親に全幅の信頼を寄せてくるわが子の存在に愛しさを感じる瞬間は多々あることでしょう。私は，発達障害をもつ子どもの親御さんと長く関わってきましたが，子育てはひと手間かかるけれど楽しいものであってほしいと考えていますし，苦労しながら豊かな人生を歩んでいく家族からたくさんのことを学ばせてもらっています。では，親が安心して子どもと向き合えるためには，何があるとよいのでしょうか。第２章から第４章でご紹介したペアレント・トレーニングで学ぶスキルは役立つものと思いますが，それ以前に大切なことがあります。

ペアレント・トレーニングのプログラムを修了したあるお母さんがおっしゃったことです。「ここでいろいろ学んだスキルは，それは役に立つものでした。でも，そのスキルを使うのには，３つのゆとりが必要なんです。経済的ゆとり・時間的ゆとり・精神的ゆとりの３つです（笑）。それがないと頭でわかっていても実行できないんですよね」。

ひと手間かけて楽しい子育て，そうなるために必要な３つのゆとりについてここで考えてみたいと思います。

(1)　経済的ゆとり

相談室でお会いしたある青年のことを思い出します。就職したばかりの彼にとって，

初任給で家賃から食費，スーツ代，交際費などすべてを賄うことは新たなチャレンジでした。仕事も職場の人間関係も慣れないなか，彼がほっとするひとときは仕事帰りにコーヒーを飲むことでした。いつもは自動販売機の缶コーヒーで済ませるそうですが，週１回は好きなカフェに入り，ドリップコーヒーを注文するのだそうです。缶コーヒーだったら110円ですが，カフェで飲むと450円かかります。だからいつもではなく，週１回，１週間頑張った自分へのごほうびの時間なのだと話していました。

経済的なゆとりというのは，ひとつには，現在，余分なことに使えるお金があるということでしょうか。衣食住が充たされている，必要最低限の生活ができる，ということだけではなく，自分が好きなちょっとした特別なことに使えるお金があることです。もうひとつは，将来に対する経済的不安に対するゆとりではないかと思います。子育て世代でいえば，子どもにかかる教育費の心配がないということがあげられるでしょう。子どもが望めば高等教育まで受けさせたい，しかしそれには学費がかかります。平成29年度の文部科学省の調査から，高学歴で高収入の親は，低収入の親よりも進学費用を負担しやすく，子どもに高い学歴を期待する傾向が強いという結果が報告されています（『朝日新聞』2018年６月28日付朝刊）。いったいどのくらいかかるのか，それをまかなえるのだろうかといった不安感は経済的ゆとりに影響するでしょう。

(2) 時間的ゆとり

ペアレント・トレーニングでは，子どもに対応する工夫を学びますが，どのスキルもひと手間かかかります。そのひと手間をかけるのに時間的ゆとりが必要とおっしゃった先のお母さんは，フルタイムでお仕事をしながら２人のお子さんを育てていました。

たとえば，この50年，つまり，1960年代と2010年代を比べてみるとどうでしょうか。明らかに，仕事をもつ女性は増えましたが，子どもの数は少なく1960年には15歳未満の人口は2807万人（30.0%）2012年は1684万人（13.1%）となっています（総務省統計局，2016)。また，家電製品の普及により家事にかかる時間は短縮されているだろうことが推察されます。しかし，時間がないと感じるのはなぜでしょうか。仕事をしていて感じますが，年々時間の進み方が加速しているように思います。インターネットの普及，効率化が進むにつれ，どんどん時間が失われているように思うのです。

先日，ある職場の方たちと雑談をしていて気づいたことですが，50年前ごろはパソコンは普及していなかった，30年前ごろにやっと職場に数台パソコンが入り始め，当時は必要なときだけパソコンのある机で仕事をしていた。しかし，今や１人１台。つまり，30年ほどで１人１台が当たり前になったのです。さらにスマートフォン，インターネットの普及により，いつでもどこでも仕事ができるようになりました。また，50年前は仕事の指示は職場で顔をつきあわせて出されることが大半でしたが，今は同じ職場にいてもメールでやり取りすることが少なくないようです。つまり，その場にいなくてもメールで指示や仕事のやり取りができてしまうのです。効率がよくなった分，ゆとりは少なくなったといえるでしょう。

それにいち早く気づき，警鐘をならしたのがミヒャエル・エンデの作品，『モモ　時間泥棒と，盗まれた時間を人間に取り返してくれた女の子の不思議な物語』です。「人間には時間を感じとるために心というものがある。そして，もしその心が時間を感じとらないようなときには，その時間はないもおなじだ」（エンデ，2005：236）と言った，時間を司るマイスター・ホラの言葉は深い示唆に富んでいます。私たちは時間に追われ心のゆとりを失い，私たちは，時間泥棒に時間を盗まれているのかもしれません。

厚生労働省（2017）の平成28年度雇用均等基本調査によれば，育児休業を取った女性の割合は82％であるのに対し，男性の取得は３％となっています。子育ては母親だけがするものではないと言われ，「イクメン」という言葉がきかれるようになったものの，まだまだ子育ての時間は圧倒的に母親のほうが長いのがいまの日本の現状です。意識して自分の時間をつくる工夫をしましょう。１日のうち，お母さんがほっと一息つける時間はいつでしょうか。週のうち，お母さんが自由に過ごせる時間がある日はいつでしょうか。

仕事して，子育てして，家事をして……。難しい子育てにチャレンジするにはエネルギーがいります。たとえば，小さな成功をみつけて認める声かけをするのにも，指示の工夫をするのにも，好ましくない行動は見て見ぬふりをして好ましい行動をまってほめるのも，ひと手間かかります。

子育ては効率とは対極にある営みです。週のうち，１日くらいは，お母さんが自由に過ごせる時間があるとよいですね。

(3)　精神的ゆとり

最後にあげられた精神的ゆとりはどうでしょうか。ヤノマミの子育てを例にあげてみてみましょう。アマゾンの奥地で暮らしている原住民，ヤノマミの生活をテレビでみたことがありました。ヤノマミの集落は楕円状になっていて，オープンなつくりです。長屋がサークル状になっているようでした。赤ちゃんが生まれると，母親だけではなく，父親，きょうだい，集落の人々，みんなが抱っこします。遊ぶときは，大人も子どもも本気で遊びます。たとえば，子どもが泥の玉を投げあって遊んでいると，大人たちも参戦し，気がつくとみんな泥だらけ，その後は，川で水のかけ合いっこをしていました。人々の表情はとても楽しそうでした。翻って，なぜ現代の日本で子育てをしている母親は追い詰められるのでしょうか。

沢山（2017）は江戸時代の子育てについて記述しています。それによると，江戸時代の5歳までの幼児の死亡率は20～25％，一方，女性の死因の25％は出産を巡るもの（産後死，難産死）であったといいます。親を失った子どもや子どもを失った親も多く，必然的に子育ては社会の共同的な営みであったのです。しかし，現在，乳幼児死亡率は激減し，共同体の消滅と共に子育ては私的な営みとなっていきました（滝川，2017）。

また，高度成長期以降，親としてわが子に与えられるものは「学歴」であるという価値観が拡がり，子育てと教育とが緊密にリンクするようになったことから，親に負荷がかかり（たとえば，教育ママ，受験ママといった言葉の広がり），精神的ゆとりを失う一要素となったと考えられます。

精神的ゆとり，これは大きな問題です。精神的なゆとりはなぜなくなるのでしょうか。どんなとき，あなたは精神的なゆとりを失いますか。先に，人は群れのなかで育つ生き物といいました。孤立化したときに，人は追い詰められ，精神的ゆとりを失うのではないかと思います。

5-5．孤立感の分析——保護者へのインタビューから

実際に発達に凸凹のある子どもの親は孤立感について，どのような体験をしているのでしょうか。ペアレント・トレーニングに参加された保護者の方々におたずねしてみました。

(1) 子育てをしていて孤立感を感じたのはどんなときか

まず，いつ，どんなときに孤立感を感じたのかについておたずねしました。この質問については様々なシチュエーションが出されました。

○冷ややかな空気のなかで，子どものかんしゃくやパニックにひとりで対応しなければならなかったとき。
○子どもが問題行動を起こしたときに理解してくれる人がいなかったとき。
○私以外は子どもの問題に気づかず，親族から「気にしすぎ」といわれ，専門家からは「様子をみましょう」と言われ，ひとりで訴え動きまわることに疲弊し，どうしてよいかわからなくなったとき。
○家では困っていたけれど，学校では「問題がない」と言われていて，誰に相談しても「気にしすぎ」といわれ，私の苦悩を誰にも理解してもらえなかったとき。

○雑談のなかで，他の親たちが（自分の子どもでなくても）問題を起こしている子どもやその親のことをあれこれうわさ話をするのをきいたとき。

上のコメントから，孤立感は次のような状況でうまれることがわかります。１つ目は，子どもがかんしゃくなど何らかの問題行動を起こしていて，それに親がひとりで対応しなければならないときです。子ども自身が困っているときに，その対応に親も困っているのですが，その困り感をひとりで抱えなくてはいけないという状況がみえてきます。孤立感を感じるのはそこに「冷ややかな空気」を感じるとき，親身な声かけや寛容な言葉かけがあれば少し違ったかもしれません。

２つ目は，自分の悩みや苦しさを身近な周囲の人たちに理解してもらえないときです。勉強ができたり，やるべきことがはっきりしている場面（学校や親族の集まりなど）では問題が顕在化せず，家庭でのみ問題が起こる場合に親が体験することが多いようです。また，相談機関・医療機関に行っても様子をみましょうといわれたら，どうでしょうか。おかしいと思っているのは私だけなのだろうか，子どもをおかしいと思ってしまう私自身がおかしいのだろうか，しかし，日々の生活が大変なのはどうしてなのだろうか……。「おかしいのかおかしくないのか」という迷宮に入っていってしまいます。あるお母さんのコメントを紹介します。

（わが子が）普通なのか普通じゃないのか，私の頭がおかしいのか……など，知識や理解がないまま，ただただ子どもに対しての違和感を抱え，ボロボロになりながら毎日の生活を送っていて，身を削って生活しているのに誰も助けてくれないという日々に孤立感を感じていました。

ここで，大事なのは，子どもがおかしいかどうか，ではなく，親がおかしいと思うその違和感はどこから来るのか，様子をみるというのは具体的に何の様子をみるのか，この２点を親が理解することです。専門機関で「様子をみましょう」と言われたら，この２点を明らかにする方向で話をきいてみましょう。

(2)「孤立感」は変化していったか

この問いに関しては，すべての方が「はい」と回答していました。ペアレント・トレーニングのグループに参加された方たちですので，そうでなくては困るのですが。

ここでのポイントは，孤立感というのは変わらないものではなく，ある一時期の状態であるということです。この本を読まれている方のなかで，孤立感の真っただ中にいて，つらい状況に置かれている方もいるかもしれません。が，それは一時的な状況であり，変化しうるものであるということを忘れないでいただきたいと思います。安心して話ができる場をみつけましょう。

ペアレント・トレーニングに参加しわが子とポジティブな関係がもてるようになるプロセスを分析したところ，「他者からのポジティブな注目」という要因があることがわかりました（井潤，2013）。それは，「理解される心地よさ」（「同じような子どもをもつお母さんの言葉はうれしいし，相手の気持ちもわかるし，すごく救われた」「お互いに共感できる人たちと話せるというのはすごく安心感がある」など），「励ましをえる」（「同じ悩みをもっているお母さんたちなので勇気がもらえた」「メール交換しあったり，励ましあったりしながらやっていた。グループのおかげで励まされた」など），「実践が認められる」（「ここにくるとほめてもらえた。先生にもそうですし，同じ参加したメンバーからも声をかけてもらえる。すごく励みになった。うれしかったからまた次もがんばれる」など）という要素から成り立っていました。共有できる仲間がいることは，子育てをささえる大きな要因のひとつといえます。

(3) 人とつながる力

メンタルヘルスを考えるうえでは，自分で頑張るだけでなく，人に助けを求める力も重要です。そこで，親自身に人に助けを求めること，人とつながることが得意かどうかをおたずねしてみたところ，①得意である，②苦手である，③もともとは苦手だったが子育てを通して得意になっていった，という３つのタイプに分かれました。

①の人は孤立感を感じるときがあっても，人とつながることが得意であるので長く孤立することはないでしょう。③の人は子育てを通して親自身が自分の能力を拡げてきた人です。そもそも能力とは生きるために必要な力であり，使うことで開発されるものです。チャレンジングな子育てを通して，人とつながる力を開発し，能力を拡げることができたのです。ケアが必要なのは②のタイプです。支援機関や支援者がいても，つながる力が弱い人は孤立しがちです。支援機関につながることで子育てにゆとりがうまれますが，②はつながることのサポートが必要になる群といえるでしょう。支援する側は杓子定規なアプローチではなく，親のタイプにあった適切な支援を行いたいものです。

(4) 親が社会に望むこと

最後に，「発達に凸凹のある子どもを育てるうえで，社会に望むこと」をおたずねしてみました。

多くのご意見がありましたが，どれもが発達障害に対する理解と支援に関わることで，社会全体において発達障害への認識が深まり，必要な支援がえやすくなることを望んでることがわかりました。「理解と支援」，この言葉でまとめると当たり前のことですが，具体的にどのような在り方が課題としてあげられていたのかをご紹介します。

まず，親が子育てをするうえで社会に望むこと，それは「理解」です。世の中の人たちに広く知ってほしいという意見と共に，特に，教育現場での理解が求められていました。学校の先生にもっと知ってほしいという意見です。児童期の子どもにとって，家庭と学校は子どもの生活の中心を占める場です。今回おたずねした方は家庭での対応を学ぶためにペアレント・トレーニングに参加された方々であり，プログラムへの参加を通して，子どもの特性への理解が深まり，家庭のなかでの対応のコツを獲得してこられた方です。同様な理解と対応のコツについて，学校の先生たちに知ってほしい，そのことでわが子の生活がささえられると感じているのです。

次に，「支援」の在り方について，これには大きく３つの視点からの意見がありました。１つ目は，支援は早くから始める，つまり，早期発見，早期介入という視点です。以下はあるお母さんの言葉です。

> 幼稚園や保育園の段階は発達の凸凹の疑いがありそうだという状態で様子をみましょうと放置されやすいのですが，療育にはとても大切な時期だと思います。特に，幼稚園・保育園から小学校への連携を強化して，適切な時期に適切な療育が受けられるようにしてほしいです。

２つ目は，支援へのアクセスのしやすさという視点です。経済的に困難な家庭でもサポートが受けられるようにしてほしい，身近なところでサポートが受けられるような社会であってほしい，また，そういった情報へのアクセスのしやすさも求められていました。困ったとき，支援を受けたいときに，どこに行けばどんな支援がえられるのか，わが子には何があっているのか，そのような様々な情報が１か所に相談にいけば提供してもらえる，そんな支援を望むという声もありました。

> 遠くにいい場所があるんじゃなくて，身近にいつでも行ける場所があること，子どもに発達の凸凹がある場合その親にも凸凹や他の障害がある，貧困などの家庭内の問題がある場合が多いと感じます，そのような状況でも子どもの問題が見過ごされず支援がうけられることを望みます。

【コラム】 ライフスキルを身につけよう

長年，発達障害者の就労支援に取り組んできた梅永（2015）は，安定した就労のためにはライススキルが重要であることから，15歳までにライフスキルを身につけることを始めようと提唱しています。15歳までに始めるのはなぜか，それは，中学校までは親や教師などまわりの大人からのサポートを受けやすいのですが，中学校を卒業するころから一気に自立的に活動する機会が増え，そのときに生活面のスキルが不足していると様々な問題が起こってくるからなのです。

ライフスキルとは，日常生活を送るために必要なスキルのことです。ソーシャルスキルとの違いを考えるとわかりやすいと思います。ソーシャルスキルとは対人関係に関するもので，たとえば，休み時間にドッジボールに入れてもらいたいときどうやって声をかけるか，嫌なことをされたときにどう対応するか，友達と仲良くするためにどう会話を進めるかといった，人とうまくやっていくためのスキルです。それに対して，ライフスキルは幅が広く，健康管理から対人関係まで生活面のスキルがすべて含まれます。自分の人生をスムーズに送るためのスキルで，必要なライフスキルは子ども一人ひとり異なります。梅永（2015）はその著書のなかで発達障害の子に必要なライフスキルを10種あげ，それらについて解説しています。この10種のスキルの項目は①身だしなみ，②健康管理，③住まい，④金銭管理，⑤進路選択，⑥外出，⑦対人関係，⑧余暇，⑨地域参加，⑩法的な問題，です。大事な点は，これらを完璧に身につけさせようと焦る必要はないということです。子どもの状態と将来をイメージして，必要最低限のスキルを育てていけばそれで十分であると述べられています。

3つ目は，支援の継続性という視点です。乳児期，幼児期，学童期，さらにその先まで，途切れない支援の継続があると，子どもだけでなく家族も救われるというご意見がありました。

就職をして自立できるようになってほしい，そのために，子ども自身が困ったときに助けを求められるようになる，人に嫌な思いをさせないなど，生きていくための最低限のマナーを身につけて欲しいと思っています。家族だけでは難しいことが多いので，手を差し伸べてくれる場所や人が増えればと思います。

ペアレント・トレーニングに参加される方々の子どもの年齢は4～10歳です。私の職場では，その後もフォローアップのグループをつくり，年に5回ほど，親の集まりを開催しています。最後の継続性についてご意見をくださった方のお子さんは，参加した当時は幼稚園の年長でしたが，今は中学校3年生です。

子どもが小さいときはお母さんが家庭で対応し，園や学校でのことも連携を取りながらサポートして，細やかに対応することができていました。しかし，小学校高学年くらいから，子どもの世界が拡がり，親だけでは十分に対応できなくなってきます。というよりも，より正確にいうならば，対応の在り方が変わってきます。幼児期から児童期は，親が直接的にサポートする場面が多いですが，思春期以降は一歩ひいたサポート，子どもの理解者を拡げ，子どもが理解者につながるサポートをしつつ，見守るという，間接的なサポートに移行していきます。さらには，子どもが自分自身で必要な支援を要請できる力を育てることが必要です。これはコラムでご紹介したライフスキルのひとつです。

5-6．多様性のなかで学ぶ──映画『みんなの学校』から

さきほど，親が社会に望むことに多くあげられていたことのひとつが学校の理解でした。学校はどのようなスタンスで子どもたちに向き合うことができるのでしょうか。ヒントをくれたのが映画『みんなの学校』（真鍋，2014）でした。

この映画は，大阪市の公立小学校，大空小学校の１年間を追ってつくられたドキュメンタリーです。この学校は，すべての子どもの学習権を保障するという理念のもと，あらゆる子どもを受け入れており，全校約220人のうち，30人以上が特別支援の対象となる子どもたちだといいます。友達とコミュニケーションを取ることが苦手な子ども，家庭で十分なケアが受けられていない子ども，知的障害のある子ども，乱暴ですぐ友達に手が出る子ども，様々な問題を抱えた子どもが在籍していますが，すべての子どもに居場所がある学校づくりを目指し，しかも，すべての子どもが同じ教室で学んでいます。果たして，どうすればそのような学びが可能になるのでしょうか。

映画では，クラス担任だけではなく，すべての教職員がチームとなって子どもをみている様子が描かれています。私が印象に残っているのは，初めて担任を受けもったある若い先生のエピソードです。担任になって張り切っていたその先生は，ある放課後，言うことをきかず騒いでいた児童を怒鳴りつけます。その後，校長から呼ばれ，怒鳴ったのが演技でなく本気であったなら教師失格であると言われます。落ち込む先生に，他の先生たちが「(あなたは) ひとりじゃないよ」と声をかけます。助けに行くから，ひとりで抱えずいつでもヘルプを出してほしいと言われ，先生は自分をふりかえります。クラス運営ができないと思われるのが怖かった，この子のせいでクラスがまとまらない，自分ができないと思われる，それが激しい叱責になっていたんだとカメラの前で語りました。

別のシーンでは，学校に来ない児童を迎えに職員さんが自転車で家まで出かけます。顔をみせない児童が気になっている担任がいたら，他の先生が教室をみてくれて，そ

【コラム】 人に迷惑をかけてはいけない？

私たちは，つい子どもに「人に迷惑をかけないように」と言ってしまいます。しかし，ヒトはひとりでは生きられないのです。群れをつくって生きることを選んだ「種」なのですから，迷惑をかけたりかけられたりして生きていくものなのです。

では，人に迷惑をかけてはいけないというときの「迷惑」とは何でしょうか。学校生活を例に考えてみましょう。たとえば，授業中に大声でおしゃべりをしていたらと迷惑と言われます。それは授業をききたい人がきくことができない，他の人の授業をうける権利を妨害することになるからです。『みんなの学校』の舞台，大空小学校のルールである「自分がされて嫌なことは人にしない，言わない」に反する行為が迷惑といえるかもしれません。

では，誰かの手を煩わせるのは迷惑でしょうか。乳児が抱っこしてもらう，食事を食べさせてもらうことを迷惑という人はいないでしょう。板書をノートに写すことができなかった小学生がノートをみせて欲しいと友達に頼む，これは迷惑でしょうか。時と場合にもよるかもしれませんが，通常であればそれは迷惑ではなく，友達と助け合うという行動に入ることでしょう。しかし，大学生と話していて，困ったことを誰かに相談するとき，資料のホッチキスとめが間に合わず手伝ってもらいたいときに「迷惑をかける」とためらったり，遅刻してきた学生を途中からグループに入れようとすると「迷惑になるからよいです」という場面にあいます。自分でやるという考えはよいのですが，何が迷惑なのか，そこにどのような考えが潜んでいるのかと考えることがあります。

小学校の巡回相談で，じっとしていることが苦手な子どもや先生の指示に１回で従うことが難しい子どもがいると，他の親から「あの子がいると迷惑だ，クラスを別にしてほしい」という申し入れがあるときいたことがありました。何も問題がなく，効率よく勉強がはかどるクラスが好まれる，その心情はわからなくもないですが，それだけが学びだろうかと考えます。学校は何を学ぶところなのでしょうか。特に，学童期を過ごす小学校は，自分を知り，他者を知り，お互いに学びあえる力をつける大切な場所であると思います。「迷惑」と感じることが「助け合い」になり，「助け合い」はコミュニケーションをつくり，お互いの成長につながるのではないでしょうか。

映画『みんなの学校』で，先生が「自分と明らかに異なるクラスメイトがいて，一緒に何かをやることが難しい，そこで考える，どうすれば一緒にクラスでやれるのか，何ができなくて困っていて，どうすれば参加できるのか。そのことを通して６年間で成長していく」と話していたことが思い出されました。

の先生は児童の様子を確かめに行くことができます。ひとりで抱えなくてよい，そのことで安心して子どもと向き合えることが伝わってきます。対応に苦慮する子どもがいたり，様々な事件が起こりますが，教職員がチームとなって話し合い，対応していきます。孤立とは逆の動きです。

先生だけではありません。大空小学校にはたくさんのサポーターがいます，地域のボランティアの人たちが子どもたちを見守っているのです。保護者も学校に出入りして,「わが子」だけでなく,「大空小の子ども」をささえています。校長が運動会の後のカードを読みながら,「最初は自分の子どものことばかり書いていた保護者も，今は他の子どものことばかり書いている」とうれしそうに話すシーンがありました。

子どもたちは様々な大人たちに見守られて小学校生活を送っていきます。自然にクラスメイトを受け入れ，困っていると助けるようになっていきます。もちろんすぐにうまくはいきません。相手の気持ちや状況に気づかず，相手を傷つけてしまうこともあります。そのときは「やり直し」があります。大空小にはひとつだけ約束事があります，それは「自分がされて嫌なことは人にしない，言わない」です。それを破ったときは校長室に行き，やり直しをするのです。

あるとき，プリントに「わからん」と書いたユヅキくんに,「わからんって書いたらあかん」とコクドくんがいいました。そういわれて，教室を飛び出していったユヅキくん，彼は以前の学校では登校できておらずプリントの内容がわからなかったのですが，そんな事情をコクドくんは知りません。教室で校長先生がユヅキくん，コクドくんと一緒に話をします。その後，コクドくんは,「ぼくは『わからんって書いたらあかん』って言うのではなくて，教えてあげればよかったんだ。これから困っている友達がいたら助けられるようになりたい」と紙に書いて校長先生に渡しに行きます。そのメッセージは誰に教えられたわけでもなく，コクドくんが自分で考えたことでした。こうやって，子どもたちは相手の状況を推し量り，自分ができることは何かを考え，自分と異なる他者と共に生きることを学ぶのです。私はこの映画から，子どもたちが多様性のなかで学ぶ力のすばらしさに感銘を受けました。子どもたちは困難な状況に直面し，精いっぱい考えて，動きます。障害名を伝えたり，その説明をしなくても，子どもは毎日クラスメイトと接するなかでクラスメイトのニーズをくみ取り，自分ができることをするようになるのです。

私たち子どもに関わる大人は，問題が起こらないようにしよう，しようとしてはいないでしょうか。この映画から，問題が起こらないようにするのではなく，問題が起こることを成長の機会ととらえることが大事なのだと感じました。幼稚園や小学校は群れを成し始めた時期の子どもたちが過ごす場所ですから，問題が起こって当然で，それこそが学びなのだと思います。相手の身になって考えること，それは日々の生活のなかでこそ培われるものであり，教科学習のように一方的に教わるものではないのです，そして，そこでえたものはその後の人生をささえる智慧となることでしょう。

5-7．学校と家庭の連携

⑴ 子どもの特性を共有すること

幼稚園や保育所・認定こども園などで集団生活が始まりますが，園は家庭生活の延長のような面もありますし，担任の先生との連絡も密であるため，就学前は子どもの様子を担任の先生と共有しやすいように思います。ですが，小学校に入ると状況は変わります。子どもの世界も拡がっていきますし，担任の先生とのやり取りもそれほど密ではなくなります。発達に凸凹のある子どもの場合，入学後に困難が表面化することもあります。

現代の日本では，家庭での生活の安定，学校生活の安定は，子どもの発達をささえる両輪といえるでしょう。なぜなら，子どもの生活時間の大半がこの２つの場で過ごされており，この２つの場で安心していられることで，子どもは様々なことに挑戦し，学んでいけるからです。

私は，発達障害の子どもの支援として，ここ数年，「学校と家庭の連携」に取り組んでいます。きっかけはペアレント・トレーニングのなかに「学校との連携」というセッションがあるのですが，うまくいく場合とうまくいかない場合にはっきり分かれるので，なぜだろう，と疑問に思ったことでした。記録を分析してわかったことは「連携がうまくいくかどうかは，担任と保護者の間で子どもの状態像が共有できているかどうかである」というごく当たり前のことでした。

発達障害（または発達に凸凹がある子ども）の場合，子どもの状態像を共有することがうまくいかない場合があります。家ではまったく問題がないのに学校で問題を起こす，または，学校でまったく問題がないのに家では対応に苦労している，ということが少なくないからです。こういう事態では何が起こると考えられるでしょうか。学校でのみ問題を起こす場合には，親は「先生の指導力に問題があるのではないか」「学校でつらい目にあっているのではないか」と学校に非があると考えがちです。家でのみ問題がある場合は，担任からは「何の問題もありません，ちゃんとやっています，お母さんの心配のし過ぎじゃないですか？」「お母さんの期待が高すぎるのではないですか？」と言われ，親は誰にも理解されない孤独を感じます。さらに，親である私にだけ反抗的ということは，親子関係がうまくいっていないのではないかと悩み，親としての自信を失いがちになることも少なくありません。

Episode 1　割れたクッキー

マリちゃんは５歳の女の子です。あるとき来客があり，手土産にクッキーをいただいたのだそうです。夕食後，みんなでクッキーを食べることになりました。そこでマリちゃんがクッキーをみんなに分けてくれたそうです。おじいちゃん，おばあちゃん，お父さん，お母さん，そしてマリちゃんです。割れたクッキーがあったのですが，マリちゃんはそれを迷わずお母さんのお皿にいれたそうです。もちろん，お母さんはありがとうと言って食べたそうですが，「なぜ，割れたクッキーを私のところに……。そういえばいつもそう。私のことを下にみているのだろうか……」。マリちゃんのお母さんは，私は嫌われているのだろうか，と悲しそうに話しておられました。

マリちゃんのお母さんは，このエピソード以外にも日々子育てがうまくいっていないと感じることが多く悩んでいました。しかし，園では，まったく問題がないと言われ，夫もマリちゃんのことで困っている様子はありませんでした。

そんななかで，母親である私がダメなのだという思いを抱えていました。マリちゃんは「社会性・コミュニケーション」領域の発達に特性のある子どもでした。他者が発言したことの理解が「文字通り」になりがちなのです。おそらく，いつかお母さんが「私は割れたのでいいから」と話したことがあったのではないでしょうか。記憶力のよいマリちゃんはそれを覚えていて「お母さんは割れたのでよいのだ」と文字通り受け取ったのです。そこに，お母さんの「思いやり」の意図があることをキャッチし損ねたのです。定型発達をしているお子さんであれば，お母さんのこのような行動をモデルに「思いやり」を育んでいくのでしょうが，マリちゃんのように社会性・コミュニケーションの領域の発達に特性をもつ子どもは，相手の発言の意図を受けとめ損ねることがあるのです。それは発達が劣っているというのではなく，異なっているのに過ぎないのですが……。誤解のないようにしていただきたいこと，マリちゃんのように特性のある子どもたちも「思いやり」の心は育っています。他者から大切にされていると感じる体験を積み重ねることで，他者を大切に思う心が育っていきます。

さて園や学校との連携がうまくいくためには，子どもの特性を先生と保護者が共有していることが大切であることを先ほど述べました。そのためには，専門機関での診断やアセスメントが役に立つと思います。しかし，難しいのは，グレーゾーンと言われる子どもたちや，複数の領域にわたって困難を抱えている子どもたちが少なくないことです。そこで，特性を共有するツールとして MSPA（Multi-Dimensional Scale for PDD and ADHD：発達障害の特性別評価法）を用いました。これは，子どもの特性を14の領域にわたってアセスメントし，特性の影響の仕方を支援の必要性の度合いで示し，レーダーチャートという形で示すものです。

MSPA を実施していると，子どもの状態像について，保護者と担任のとらえ方が異なることがしばしばみられます。それはみている場面が違うこと，判断の基準が違うことによります。保護者と担任の両者にインタビューすることは子どもの特性を把握するうえでとても役立ちます。「どのような場面でどのような行動がみられたのか」，家庭や園・学校といった子どもの日常生活の多様な場でのデータが集められるからです。また，「それについてどう考えているのか」，これも大切なポイントです。なぜなら子どもの支援をすすめるうえで大切なのは合意だからです。園や学校で，何か問題行動を起こした場合（例：物を投げる，友達を叩く，授業中おしゃべりをするなど），担任は様々な対応を行っています。そのときに，「どのような意図でどのような対応を行うのか」「そのことがどう子どもを支援することにつながるのか」を共有することが連携には不可欠です。学校と協力してわが子をサポートしたいと思っている保護者に，学校側の方針を伝え，両者で合意形成をすることは支援がスムーズにいくための条件です。子どもを支援するチームとして同じ方向をみていけるというのは，お互いに心強いものです。孤立せずに済むので，支援する側に余裕が生まれます。

Episode 2 個性か障害か

ジンくん（小学校２年生）とお母さんは学校から紹介されて相談室にやってきました。お話をうかがうと，お母さんは，わが子らしさを大切にしたいと考えていました。だから，授業中にみんなが教科書をひろげているなか，ひとり図鑑をよんでいることに対して，人に迷惑をかけていないからいい，という考えでした。うちの子に特性があるのは何となくわかっている，でもそれがうちの子なんだから，無理にみんなに合わせるようなことをしたくない，と語りました。なるほど，担任が対応の工夫をしようとしても，保護者の協力がえられない，と嘆いていたのはこういうことだったのだなと納得しました。しかし，担任には，ジンくんは賢い児童だから，勉強に取り組んで力を伸ばしてもらいたいという気持ちがありました。また，勝手な行動をしているとクラスのみんなからも批判されることが増えます。友達関係を維持するうえでも，みんなと一緒に協力して何かに取り組むという体験をさせたいと考えていました。

ジンくんの場合，個性を尊重することと，子どもの力を伸ばすことを両立するためにできることは何か，という話し合いをしました。その結果「みんなと同じでなくてもよい，でも，ジンくんがクラスでの活動に参加できる機会は増えたほうがいいだろう，そのために，どのような工夫を教室のなかでやっていくかを考えていこう」という結論に至りました。

お母さんはずっとジンくんが教室にいられないのは，担任の指導力がなく，授業がつまらないからだと考えていました。そのこともふまえ，授業に興味がもてる工夫も取り入れることになりました。ジンくんの場合は，図や表がある補助テキストがあると取り組みやすいことがわかりました。授業に関連のある資料を図書館から借りてきて使えるようにしたところ，授業に取り組むようになり，発表などでクラスのみんなから認められる場面も増えてきたそうです。

⑵　MSPA とは

ここで先ほどご紹介した MSPA について，もう少し詳しく解説していきます。

MSPA は，自閉スペクトラム症（MSPA が開発された DSM-5 以前は広汎性発達障害：Pervasive Developmental Disorder と呼ばれていました）や ADHD など発達障害と括られるものの特性について評価する尺度です。開発者の船曳（2011）は，既存の評価尺度がカテゴリー分類である診断を目的としたものであるのに対して，実際には，子どもたちは各カテゴリー分類の特性を多様に兼ね合わせた状態であることが多いこと，また，手先の器用さといった微細運動や，ボール投げや鉄棒など身体全体を用いた粗大運動の問題，睡眠の問題，学習の問題なども併存していることが多いことから，これらの特性をわかりやすく把握するツールとして考案したと述べています。

Point 1　MSPA でチェックされる特性と DSM-5 の診断名

1．自閉スペクトラム症（ASD）
→主な特性として，相互的なコミュニケーションが苦手，限定された興味やこだわりがある，感覚の特異性（ある感覚に過敏または鈍感）がある，などがある。年齢相応の友達関係がうまく築けなかったり，他者の気持ちや意図を理解すること，自分から他者に話しかけたり相談したりすることが苦手だったりする。感覚の問題としては，音や光に過敏だったり，極端な偏食などがあったりする。

2．注意欠如・多動症（ADHD）
→主な特性は，不注意，多動，衝動性である。忘れ物が多い，じっとしていることが苦手，しゃべり過ぎる，順番を待つことが苦手，思いついたらすぐに行動してしまうなど。

3．発達性協調運動症
→身体の部分を協調して動かすことが苦手で，年齢相応のスキルの獲得や遂行に困難がある。ボールを投げる，なわとび，スキップなどの身体全体を使ってする運動，ボタンをとめる，ハサミを使うなどの手先の器用さなどに困難がある。

4．限局性学習症（LD）
→全般的な知的能力に問題はないが，読む，書く，計算するといった，基本的学習能力に困難があることが特徴。きく，話すには問題がないが，音読や書き取りが苦手なために学校での学習に困難をきたす。

MSPA はカテゴリー分類である診断のための尺度ではなく，それぞれの特性を次元的に把握するための評価尺度です。その結果はレーダーチャートとして示され（図5-3），当事者のみならず，当事者に関わる周囲の人たち（子どもであれば，家族や

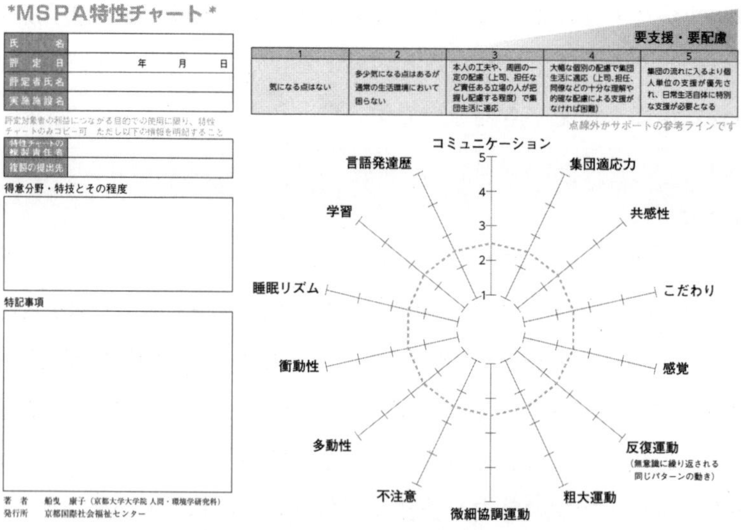

図5-3　MSPA のレーダーチャート

出所：船曳，2011。

園・学校の先生など）の理解を促進することができます。

評価項目は14項目です（図5-3）。14の項目のうち，コミュニケーション，集団適応力，共感性，こだわり，感覚，反復運動の6項目は ASD の特性，粗大運動，微細協調運動の2項目は発達性協調運動障害の特性，不注意，多動性，衝動性の3項目は ADHD の診断基準にあげられているものです。それ以外に，睡眠リズム，学習，言語発達歴があります。それぞれの項目は1から5およびその中間を含めた9段階評価となっています。5段階の基準は，「1．気になる点はない」「2．多少気になる点はあるが，通常の生活環境において困らない」「3．本人の工夫や周囲の一定の配慮（上司，担任など責任ある立場の人が把握し配慮する程度）で集団生活に適応」「4．大幅な個別の配慮で集団生活に適応（上司，担任などの十分な理解や適格な配慮による支援がなければ困難）」「5．集団の流れに入るより個人単位の支援が優先され，日常生活自体に特別な支援が必要となる」というものです。図のなかに円型の点線がありますが，それを超えたところから理解・配慮・支援が必要とされます。

(3)　MSPA を使った「学校と家庭の連携」

実際に MSPA を用いて，ある小学校で「学校と家庭の連携」に取り組んでいます。そこでの取り組みを紹介しながら，「連携」ということについて考えてみたいと思います。

発達に凸凹をもつ児童はその特性が影響して，学校生活で不適応を抱えるリスクが高いといわれています。発達障害に対する認識が広まったものの，支援の在り方については課題を残したままです。保護者，教師共に子どもの健やかな成長を願いながらも，具体的にどのように連携をとって支援していくか，という点では悩みを抱えることが少なくありません。

そこで，以下の４点を実施することで，子どもの学校生活における支援ニーズを明確にし，どのような支援が有効かを担任と共に考え，保護者とも共有し，役立っているかどうかをモニターしながら適宜修正していきます（図５－４）。

① 子どもの状態像を把握するために MSPA を用いてアセスメントを実施する。保護者，担任それぞれから聞き取りを行う

② MSPA を用いて子どもの特性チャートを作成し，保護者と担任で共有する

③ 担任が感じている学校生活上の問題に対して，支援プランを作成し，共有する

④ 特性チャートと支援プランを定期的に見直す

参加者は全員，通常学級に在籍しており，特別なクラスに通っている子どもはいません。また，ほとんどの子どもたちは申し込み時点で診断名をもっていませんでした。しかし，担任や保護者からあがってきた子どもたちには何らかの困った問題行動があ

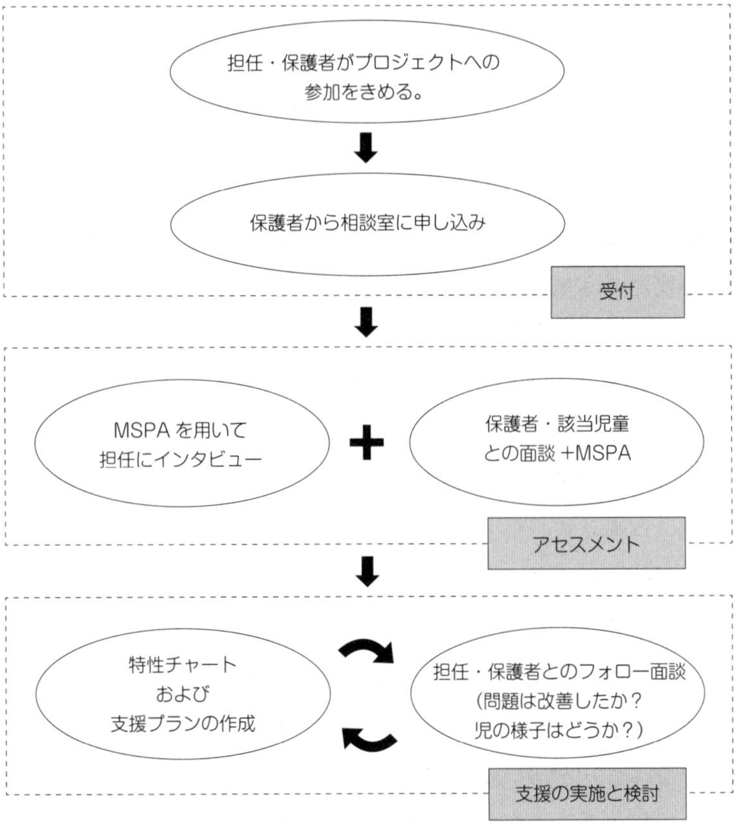

図５－４ 「学校との連携」の進め方

出所：筆者作成。

り，その背景には発達特性が影響していました。また，支援プランを検討するなかで医療機関を受診し，診断を受けるに至った例もありました。支援プランと子どもの適応状態をみていくなかで，必要に応じて医療機関の利用も視野に入ってくることはありますが，そのタイミングはそれぞれでした。以下で，事例を通して，連携の様子をご紹介します。

Episode 3 学校に行きたがらないリョウくん

リョウくんは外遊びが大好きな活発な男の子です。小学校２年生になってから学校に行きたがらないことが増えてきました。母親と一緒に校門まで何とか行っても，教室にはなかなか足が向きません。小学校１年生のときまではやんちゃで，先生から叱られることもしょっちゅうあったそうです。何があったのか，お母さんも先生も思いあたることがなく，どうしてよいのか悩んでしまいました。

相談室にやってきたリョウくんは，元気がない様子でした。「学校なんて大嫌いだ！」というので，どんなときに嫌だと思うのかをたずねたところ，「全部。何もかも嫌」と言いました。やんちゃな子だという担任の話とは様子が違い，相談室では礼儀正しく，むしろ，初めての場所にきて，何をされるのかもわからず不安でいっぱいという表情でした。プレイルームに移って，おもちゃで遊び始めると少しほぐれてきましたが，全身から緊張感が伝わってくるお子さんでした。

MSPA の結果を図５-５に示しました。点線より外になればなるほど，特性があり支援・配慮の必要性が大きくなります。リョウくんは，「コミュニケーション」「集団適応力」「共感性」「こだわり」「感覚」「多動」「衝動性」の領域の特性に関して理解または支援が必要という結果でした。

学校でのリョウくんは，落ちついていれば話は伝わるが，こうと思い込んだら意地をはって周囲の話をきこうとしないところがあるということでした。たとえば，図工の授業で「１人５本ずつ竹ひごを取ってください」と指示したのに，リョウくんは勝手に８本もっていったそうです。先生が「５本と言ったでしょ」と咎めると，「きいていない！」の一点張りで，決して非を認めようとせず，結局，リョウくんだけ８本使って工作をしあげたそうです。

お母さんの話ではリョウくんはひとりっ子で，家では本人のペースで生活できており，それほど問題はないけれど，自分の気持ちや状況を人にわかるように説明するのは苦手で「それは誰が言ったの？　いつの話？」と質問を補わないと，何の話をしているのかわからないことが多いようでした。集団への適応に関しては，自分が中心であればみんなと活動できるけれど，周囲に合わせることは苦手というのが担任と保護者共通の認識でした。自分が好きな遊びであれば友達と遊ぶが，興味のない遊びにな

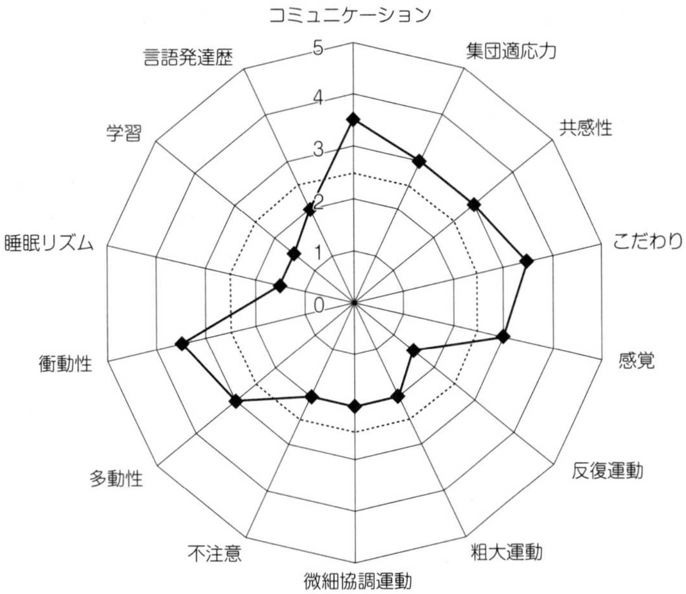

図５－５　リョウくんの特性チャート

出所：筆者作成。

ると勝手にやめてしまい，ひとりで好きなことをしているのだそうです。また，遊びのルールも自分の都合のよいように勝手に変えてしまうので，友達から文句を言われることもあるそうです。

家でも学校でも，じっとしていることは苦手でした。たとえば，混んでいるレストランで順番を待つことが難しく，何かゲームをもっていかないと待ち時間が過ごせないといいます。学校ではいすに座っていても絶えず身体のどこかが動いていたり，鉛筆をかじっていたりします。今年に入って，イライラしている様子で，突然，机の脚を蹴ったり，立ち歩いたり，教室を飛び出すことが増えたそうです。学習面では問題はなく，テストはいつも80点以上をとっているそうです。

MSPA に加えて，本人・保護者の了解をえて，いくつかの心理検査を実施しました。その結果，知的能力は高いものをもっていることがわかりました。語彙や知識が豊富である一方で，状況の読み取りが極めて苦手であること，細部に目が行きやすく，全体をとらえることが苦手であることがわかりました。つまり，リョウくんが学校に行きたがらないのは，状況をつかむ力が弱く，学校でどうふるまうのかがよくわからず不安が大きいためではないかと考えられました。

知的能力が高いので，友達や先生の言動から自分がうまくふるまえなかったことは理解できます。しかし，なぜ友達が怒るのか，先生が叱るのかといった相手の意図や状況をつかむことが苦手だったり，相手と和解するために自分はどうふるまえばよいのかがわからず，混沌とした状況にいることが推察されました。また，保護者からの聞き取りの結果，感覚の問題があり，ある一定量の刺激を取り入れ，感覚が満たされることで落ちついて集中できることが推察されました。

そこで，支援のポイントとして，

① 状況や取るべき行動をわかりやすく伝えること

→本人がいつでも確認できるようシンプルな視覚的提示があるとよい。

② 多動の背景には感覚の問題があることから，じっとしているよう求めるのではなく，ある程度の動きが必要であることを理解する

→授業中に動く役を与える（プリント配布係，黒板消し係など），机の下でこっそりいじれるグッズ（感覚刺激を満たすためのグッズ）を使うのを認めるなどの工夫をすること。

③ イライラしたときに落ちつく方法を提案する

→授業中に教室を出るという問題行動に対しては，イライラして教室を出たくなったら，先生に「クールダウンしてきます」といって，クールダウン・ルームに行き，5分間座って気持ちを落ちつける。5分経ったら戻る，またはもう5分の延長を申し出る。

この3つを試みることとなりました。

担任がはっきりとシンプルな言葉で指示をし，見通しを伝えることで，リョウくんの状態は安定してきました。先生がほめるときはしっかりほめ，叱るときは短い言葉でシンプルに何がいけなかったのかどうすべきかを伝えたことで，リョウくんは元気になっていきました。ほめられることで，課題への取り組みもよくなりました。

じっとしていると疲れてしまうのか，ときどき，先生に申し出てクールダウン・ルームを活用していますが，以前のように勝手に飛び出すことはなくなりました。また，授業中，立ち歩く時間も激減しました。その後，医療機関を受診し，現在は薬物療法も併用して，さらに落ちついて学校生活を送れるようになっています。

Episode 4 自分から助けを求められないイチロウくん

イチロウくんは穏やかな小学校3年生の男の子です。お母さんが初めて心配に思ったのは，幼稚園で友達に遊んでいるミニカーをとられたのに，黙っているわが子をみたときでした。園の先生に相談したところ，「イチロウくんは優しいからね。友達に嫌なことや乱暴なことをしないので，お友達もたくさんいますから，心配ないと思いますよ」と言われました。しかし，小学生になっても，友達を自分から誘うことがなく，この先友達とうまくやっていけるのだろうかというのが保護者の悩みでした。2年生になって担任の先生に相談したところ，先生からも，遠足のときに自分から声をかけることができずひとりでお弁当を食べていたことや，困ったことがあっても担任に自分から相談しにくることがないことが話され，今後，どのようにサポートしていけばよいのか検討していくことになりました。

相談室にやってきたイチロウくんは，ソワソワした様子でしたが，こちらからの質問にはハキハキと答えてくれました。算数が得意で，図工がちょっと苦手なこと，学校はとても楽しいと話してくれました。プレイルームでは，ミニカーやレゴを組み合わせて見事な街をつくりました。車が大好きで，車の車種や特徴についてよく知っていますが，話し始めるととまらなくなりました。最後に，なぜ，自分が相談室にくるのかが気になっていることを，お母さんを通して伝えてくれましたので，イチロウくんが安心して学校で楽しく学べるようにお手伝いするのが私たちであること，そのためにイチロウくんのことを教えて欲しかったから来てもらったことを伝えたら，納得してくれたようでした。

イチロウくんの特性チャートは図５-６です。「コミュニケーション」「集団適応力」「共感性」「こだわり」「感覚」の領域の特性に関して理解または支援が必要という結果でした。

小学校２年生まではクラスの決まりがはっきりしていたこと，先生がルールに基づいてダメなことはダメとクラス全体にはっきり伝え，クラス全体が落ちついていたこともあって，イチロウくんはそれほど困らずに過ごせていたことがわかりました。しかし，小学校３年生になって状況が変わりました。

１つ目は，クラス内で話し合って決めることが増えたことです。決まったことがあいまいで徹底されないため，イチロウくんの混乱が大きくなりました。たとえば，席替えはじゃんけんにすると決まったのに，決まった席が気に入らない子たちが勝手にじゃんけんを繰り返して席を変えてしまったことがありました。担任の先生はそれをみていなかったので，結局は好きな子同士で座る席替えになってしまいました。イチロウくんは天敵ともいえる苦手な子と隣になってしまいました。授業中も思いついたらおしゃべりをしたり，ちょっかいを出してきたり，いつ何をするかわからない存在で，イチロウくんのストレスが高まりました。

２つ目は，クラス全体がうるさくなったことです。イチロウくんは周囲がうるさいと必要な声をうまく聞き取ることができません。授業中もみんながおしゃべりをするので，先生の声を聞き取ることができなくなってしまいました。また，聴覚過敏があり，大きな声が苦手なのですが，先生が叱るときに大声を出すので，ドキドキすることが増えました。

支援のポイントとして，次の点を考えました。

① イチロウくんが安心できる安定した枠組みをつくること

→状況をつかむことが苦手であるため，混乱して静かにパニックを起こしていることがある。それは固まるという形であらわれる。そこで，授業の進み方を明確に示す工夫をする，たとえば，ある課題はいつ始まっていつ終わるのか，そ

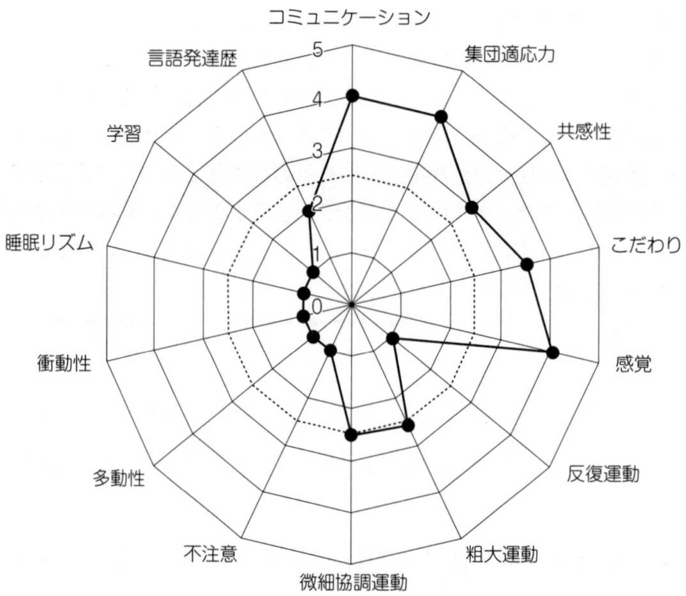

図 5-6　イチロウくんの特性チャート

出所：筆者作成。

の次に何が起こるのかなど，見通しを視覚的に（図や表など）示すことがあると動きやすい。

② 初めてのこと，急な変更や例外があるときは事前に示しておくこと

→初めてのこと，急な変更や例外があるとき，どう動いてよいのかわからなくなってしまう。初めてのことは事前に予習ができると安心して取り組める。急な出来事があったときは本人をサポートする人を配置するか，担任から声かけをして様子をうかがうことが望ましい。

③ 問題が起こったときは本人の理解を確かめること

→こだわりが強く，物事を字義通りにとらえて悩んでいることがある。「○○でなくてはならない」といった表向きのルールがそのまま適用されていることがあるので配慮が必要である。

④ 座席の工夫をすること

→感覚過敏があり，大きな音は苦痛を感じ，騒がしいと，きくべき音を拾えなくなってしまうため，席は前のほうが望ましい。また，前後左右はおだやかな児童にすることで安心した空間がつくられると思われる。

自分に自信がない状況にあるので，本人が学校生活で，安心感と自己肯定感を育めるように支援していくことが大切であると考えました。

これまで，人に迷惑をかけないため，ニーズが見過ごされてきたイチロウくんでしたが，静かに困っていることがたくさんありました。おとなしい引っ込み思案な子ど

もと誤解され，叱咤激励される対応が多かったのですが，本人のコミュニケーションの苦手さや状況の読み取りの難しさという特性が理解されたことで，無理強いされることが減りました。学年があがるにつれ，社会性が求められる場面が増えます。イチロウくんが集団場面で成功体験が積み重ねられるよう，彼の発達特性に応じて必要な支援をしていくことが大切です。

イチロウくんは作文がとても上手です。口頭で困ったことを伝えるのは苦手ですが，文字であらわすことは得意でしたので，先生と交換ノートをつくり，コミュニケーションの補助としました。文字でやり取りするうちに，口頭でのやり取りも増えてきました。少しずつ成長していく姿を家庭と学校で見守っています。

Episode 5　困ると泣いてしまうケイコちゃん

ケイコちゃんは小学校３年生の女の子です。家族は妹と両親の４人家族，家では明るくて優しいお姉さんですが，学校ではすぐ泣いてしまいます。周囲からみると，急に泣き出してしまって理由がわからないことが多いそうです。帰宅後，ゆっくりご両親が話をきいて初めて事情がわかるのだそうです。先日の出来事はこうでした，「クラスの子はみんな友達ですよ」と先生に言われたので，「みんな友達」と思っていたのに，意地悪する子や，仲良くしてくれない子がいて，どうしてかわからず，悲しくなって泣いてしまったのだそうです。

相談室にやってきたケイコちゃんは，明るい女の子で，学校のことをいろいろ教えてくれました。「困っているのはケンタくんが使っちゃだめ，っていったとき」。私がケイコちゃんのクラスの子をまったく知らないということを考えず話をするので，初めてきく私には状況をつかむことが難しく「それは何の時間？　どうしてそういうことになったの？」と補足でたずねることが必要でした。勉強が好きなケイコちゃん，大きくなったらやりたいことがたくさんあると教えてくれました。「大きくなったら，私，忙しいの。漫画家，シンガーソングライター，科学者，ケーキ屋さん，みんなが喜ぶようなことが好き！」。

ご両親にお話をきくと，ケイコちゃんは話すより読むほうが先のお子さんだったそうです。ひらがなを覚えてから言葉が出てきたといいます。文字に関心はあり，学習はスムーズであるけれども，人とのやり取りが苦手であることが推察されました。妹の友達など，年下の子には優しく関わってあげるお姉さんのような様子をみせますが，同年代の子どもと会話することは苦手で，仲良くしたいと近づいていっても，会話のキャッチボールがうまくできないそうです。

担任の先生は「あのね，あのね」と話しかけてくるが，彼女の話がよくつかめず，話していることがよくわからないことが多いのだと話していました。気になることは，

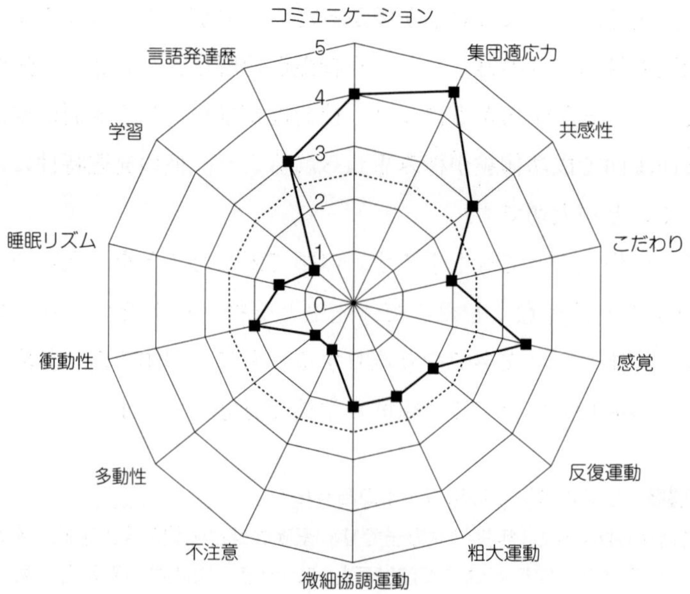

図 5-7　ケイコちゃんの特性チャート

出所：筆者作成。

休み時間の過ごし方がわからないようで，所在なくウロウロと歩きまわっていること，Episode 5 にご紹介したように突然泣き出すことがあることでした。

MSPA の結果を示したのが図 5-7 です。

点線を超えている領域は，「コミュニケーション」「集団適応力」「共感性」「感覚」の問題です。言語発達も，話すよりも文字の習得が先だったということで，特異な発達であると思われました。

ケイコちゃんは家庭ではご両親にしっかりと気持ちを受けとめてもらっていることから，発達に凸凹はありながらも人と関わりたい気持ちが育っています。学校でも友達と仲良くしたいという気持ちはあり，人に対して心を開いて向き合うお子さんです。しかし，対人コミュニケーションに大きな困難をもっていますので，うまく関われず悲しい思いをすることが多いようです。そんなとき両親はケイコちゃんの話をきき，具体的にどうふるまうのか，どう考えたらよいのかというアドバイスをしているそうです。

クラスのなかで，相手の気持ちや意図をつかむこと，自分の気持ちを伝えることが困難で，うまくいかずに困ってしまう場面が報告されていました。先ほどの Episode 5 のように，「みんな友達」と先生はいうのに，どうして意地悪をする子がいるのだろう，と混乱して泣いてしまうのです。

知的には高い能力をもっており，理解力も高いことが別の検査の結果わかりました。そこで，学校生活のなかでの暗黙のルールを明文化して伝えること，「相手はどう感じているのか」「自分はどうふるまうことが望ましいか」といったことを文章など言葉で伝えていくことを提案しました。人に喜んでもらいたいという気持ちを尊重して，彼女の得意な能力（イラストを描くこと，調べ物をすること）をいかし，壁新聞をつくる係になりました。役割を明確にすることで，安心して人と関われることがわかりました。

とはいうものの，集団のなかで小さなトラブルが起こることは予想されます。そのときに，本人の気持ちをしっかり受けとめ，起こったことを整理し，どうしていくのがよいのかを一緒に考える，という流れをつくっていくことが大切です。本人が「信頼できる人に相談する」ことを学び，自ら相談できるようになることが今後の学校生活をスムーズにするのに役立つと思われました。

5-8．いろいろな人がいるのが普通の社会

5-6，5-7では学校という社会で子どもが育つことを述べてきました。しかし，その先に拡げて考えてみますと，いろいろな人がいるのが普通の社会であることに気づきます。

社会というのはいろいろな人がいて，私たちはいろいろな人と一緒に生活していきます。いろいろな人のなかには障害がある人も含まれます。ここでは，ノーマライゼイションという言葉をキーワードにして，普通の社会について考えてみたいと思います。

ノーマライゼイションとは，ノーマル化するという意味です。障害があることは当たり前であり，その障害をもちながら普通に暮らしができるように支援をすることがノーマル化するということです。福祉制度として確立していくこともそうですが，私たちの意識としても大切なことです。障害のところで述べたように，スロープが完備されていれば車椅子にのっていても外出に不自由はしなくなります。これもノーマル化です。しかし，完備されていなくても，手を貸してくれる人がいれば，不自由さは解消されます。車椅子の人が迷惑な存在ではなく，社会には車椅子を使って移動する人もいるのだという多様性の在り方のひとつとして受け入れられれば，心のバリアがなくなるでしょう。

誰でもが障害をもつ可能性をもっています。たとえば，赤ちゃんのことを障害とは考えませんが，先ほど述べたように生まれたばかりの赤ちゃんはお世話してくれる存在がないと育ちません。赤ちゃんとはそういうものだとみな認識しているので，普通にお世話をするでしょう。若いときに移動に不自由がなかったとしても歳を重ね，老

化現象により，歩行が困難になるかもしれません。それもよくあることです。

『とっときのとっかえっこ』（ウィットマン，1995）という絵本があります。バーソロミューおじいさんとお隣に住む女の子ネリーのお話です。２人はとても仲良しです。ネリーが赤ちゃんのころ，バーソロミューさんはネリーをカートに乗せて毎日散歩につれていってくれました。ネリーはやがて歩くようになり，学校にあがり，バーソロミューさんは年をとって杖をもって歩くようになりますが，２人はずっと仲良しです。ある日，バーソロミューさんは階段で転んで救急車で運ばれ，車椅子に乗って帰ってきました。もう散歩にはいけないというバーソロミューさんに，ネリーは言います，「わたしがつれてってあげるもん」。ネリーが車椅子を押して散歩に出かけます。「いまはわたしがおして，バーソロミューがすわるばん。とっかえっこみたいなものね」。読み終えた後，何とも言えないあたたかい気持ちになります。

障害をもつ人とはだれか特別の人のことではない，誰もが生活のしづらさを抱える可能性をもっています。ノーマライゼイションには，制度や整備も必要ですが，助けたり助けられたりする「お互い様」という考えが根底にあるのだと思います。様々な人がいる社会のなかでこそ，人は自分を知り，他者を知り，異なる者同士が力を合わせて生きていくことを学ぶのだと思います。

人の能力に優劣は存在します。足が速い人もいれば遅い人もいる，本を読んで理解することが得意な人もいれば苦手な人もいる，コミュニケーション力が優れている人もいれば劣っている人もいるでしょう。しかし，どんなに能力が優れている人もまわりの人や社会にささえられており，ひとりで生きているわけではありません。一方，能力が劣っていて力が弱い人もその存在が誰かをささえています。脳性まひで両足がうまく動かせない寺田ユースケさんは「HELPUSH（ヘルプッシュ）」という車いすヒッチハイクに挑んでいるそうです（『朝日新聞』2018年６月１日付朝刊）。歩けない寺田さんは車いすをだれかに押してもらう「ヒッチハイク」を行っていて，押してもらうことで助かっているそうですが，なぜか押す側の人からも「ありがとう」の言葉をもらっているといいます。押す側の人から「出会えてよかった」「楽しかった」という喜びを伝えられているそうです。寺田さんはお互いに助け合いになっていることを実感されているそうですが，実際の社会はそのように「お互い様」にあふれているのです。そのような考え方が根底にある社会が実現すれば，それはすべての人にとって居心地のよい豊かな社会になることでしょう。

最後にもう一度発達障害とは何かを考えてみたいと思います。いってみれば，発達の凸凹が障害となるとき，つまり，発達の凸凹ゆえに日常生活や学業や就労が困難になっているときといえるでしょう。第１章で述べたように，社会との出会い方で障害はうまれます。千住（2014）は「発達障害は個人の優劣の問題ではなく，個性と社会の接点に現れる現象である」と述べています。アインシュタインやニュートンといった超個性的な存在が，科学の発展に寄与したことをあげ，今後大きく変わっていく社会のなかでは多様な個性が共存し，才能を開花できる社会環境を整えることが，社会全体に大きな利益をもたらすであろうと論じています。私もその考えに同感です。多様性が共存する社会は普通の社会であり，豊かな社会になると思うのです。そのために，私たち一人ひとりは自分に何ができるのかを考え，その力を発揮していくことが求められます。発達に凸凹のある子どもたちも同様です。力を発揮するのに必要なサポートをえて，その力を発揮していくことで，いきいきと生活していくことができるでしょう。彼らがいきいきと暮らせる社会は，すべての人がいきいきと暮らせる社会になることでしょう。

参考文献

American Psychiatric Association（編）日本精神神経学会（監修）高橋三郎・大野裕（監訳）(2014). DSM－5　精神疾患の診断・統計マニュアル　医学書院

バークレー，R. A. 山田寛（監修）海輪由香子（訳）(2000). バークレー先生の ADHD のすべて　VOICE

Brumfield, B.D. & Roberts, M.W. (1998). *A comparison of two measurements of child compliance with normal preschool children.* Journal of Clinical Child Psychology, *27* (1), 109-116.

エンデ，M. 大島かおり（訳）(2005). モモ　岩波書店.

Fine, A. & Kotkin, R (2003) *Therapist's Guide to Learning and Attention Disorders.* Academic Press.

藤村出 (2005). 心のバリアフリー　SUN 出版部

船曳康子 (2011). 発達障害の要支援度評価尺度（MSPA：Multi-dimensionel Scale for PDD and ADHD）京都国際福祉センター

ジブラン，K. 柳澤桂子（訳著）(2008). よくいきる知慧　小学館

グランディン，T.・スカリアノ，M. M. カニングハム久子（訳）(1994). 我，自閉症に生まれて　学習研究社

グランディン，T. カニングハム久子（訳）(1997). 自閉症の才能開発――自閉症と天才をつなぐ環　学習研究社

グランディン，T.・バロン，S. 門脇陽子（訳）(2009). 自閉症スペクトラム障害のある人が才能をいかすための人間関係10のルール　明石書店

グランディン，T. 中尾ゆかり（訳）(2010). 自閉症感覚――かくれた能力を引きだす方法　日本放送出版協会

ハリス，J. R. 石田理恵（訳）(2000). 子育ての大誤解――子どもの性格を決定するものは何か　早川書房

本田秀夫（編著）(2016). 発達障害の早期発見・早期療育・親支援　金子書房

ヒューム，C.・スノウリング，M・J. 原恵子（監訳）(2016). 発達的視点からことばの障害を考える――ディスレクシア・読解障害・SLI　上智大学出版

井潤知美・上林靖子 (2013). ペアレントトレーニングに参加した親が自己効力感を獲得するプロセスの検討――修正版グラウンデッド・セオリー・アプローチを用いて　児童青年精神医学とその近接領域，*54* (1)，54-67.

岩永竜一郎 (2010). 自閉症スペクトラムの子どもへの感覚・運動アプローチ入門　東京書籍

岩永竜一郎（監修・執筆）辻井正次（監修）(2010). このイヤな感覚どうしたらいいの？　アスペ・エルデの会

Jackson, M. (2010). *Temple Glandin.* Hbo Home Video (DVD)

金子みすゞ　与田準一ほか（編）(1984). 金子みすゞ全集　JULA 出版局

小道モコ（絵・文）(2009). あたし研究――自閉症スペクトラム　小道モコの場合　クリエイツかもがわ

厚生労働省 (2014). 平成24年国民健康・栄養調査報告

厚生労働省 (2017). 平成28年度雇用均等基本調査の結果概要

クラノウィッツ，C. S. 土田玲子（監訳）(2011). でこぼこした発達の子どもたち――発達障害・感覚統合障害を理解し，長所を伸ばすサポートの方法　すばる舎

真鍋俊永（監督）(2014). みんなの学校　関西テレビ放送

森岡周（2015）．発達を学ぶ――人間発達学レクチャー　協同医書出版社
中川志郎（2012）．動物に見る子育てのヒント　日本保健医療行動科学会年報，*27,*　82-88.
NHK 取材班（監督）（2008）．NHKスペシャル　驚異の宇宙　人体　1．生命誕生　NHK エンタープライズ（DVD）
Niccol, A. (1997)．*Gattaca*　ソニー・ピクチャーズエンターテイメント
岡本夏木（2005）．幼児期――子どもは世界をどうつかむか　岩波書店
Prinzant, B.M. (2015)．*Uniquely Human : A Different Way of Seeing Autism*　Simon & Schuster.
佐々木正美（2011）．子どもへのまなざし　完　福音館書店
沢山美果子（2017）．江戸の子どもたち――いのちを繋ぐ　児童青年精神医学とその近接領域，*58*（4），502-506
世界保健機関（WHO）障害者福祉研究会（編）（2002）．国際生活機能分類――国際障害分類改訂版　中央法規出版
総務省統計局（2016）．平成27年国勢調査
竹田契一・山下光（2004）．軽度発達障害とその幼児期の特徴　発達，*97,* 19-32.
滝川一廣（2001）．「こころ」はどこで壊れるか――精神医療の虚像と実像　洋泉社
滝川一廣（2012）．「こころ」はどこで育つのか　発達障害を考える　洋泉社
滝川一廣（2017）．子どものための精神医学　医学書院
梅永雄二（監修）（2015）．15歳までに始めたい！　発達障害の子のライフスキル・トレーニング　講談社
宇佐川浩（1989）．感覚と運動の高次化と自我発達――障害児臨床における子どもの理解　全国心身障害児福祉財団
Webster-Stratton, C. & Herbert, M. (1994). *Troubled Families――problem children : Working with Parents : A Collaborative Process,* John Wiley & Sons.
ウィッタム，C. 中田洋二郎（監訳）上林靖子・藤井和子・井潤知美・北道子（訳）（2002）．読んで学べる ADHD のペアレントトレーニング――むずかしい子にやさしい子育て　明石書店
ウィットマン，S. ガンダーシーマー，K.（絵）　谷川俊太郎（訳）（1995）とっときのとっかえっこ　童話館
WHO（1980）．*International Classfication of Impairments, Activities and Participation*
柳澤桂子（2002）．いのちの音がきこえますか――女子高生のための生命科学の本　ユック舎
吉川武彦（1998）．いま，こころの育ちが危ない　毎日新聞社

おわりに

私は30代半ばに子どもを授かり，初めて親となる体験をしました。ペアレント・トレーニングを20代半ばからやっており，子どもの相談に携わっていたにもかかわらず，親としては「超」初心者だった私の体験を少し書いてみたいと思います。

わが子は夕方泣きとでもいうのか，18時ごろになると泣き始める時期がありました。ミルクもあげたし，おむつも濡れていない，なぜ泣いているのかさっぱり見当がつきません。部屋に２人きりでいると追い詰められそうになるので，とりあえず抱っこして外に出かけました。引っ越したばかりで，町の様子もわからず，知り合いもいないなかでの日々。赤ちゃんを抱っこした心細げな新米お母さんが歩いているのをみて，町の人が声をかけてくれました。「あら，かわいいわねぇ」，「あ～，なつかしいなぁ，うちの子もこんな時期があったわ～。かわいいなぁ」。それだけで，心がほっとしたのを覚えています。そして，そう声をかけられるとさっきまで泣いていたわが子がニコニコ笑っていたりするのです。「児童館があるから遊びに行くといいわよ」と教えてくれた先輩ママさんにも出会いました。少しずつ，ママ友もできてきました。

ある日の乳幼児健診で体重の増え方が少なかったので，保健師さんに「ミルクをもう少し足して飲ませるように」と言われたのですが，なぜかミルクをあまり飲まないわが子，またまた新米ママは悩みます。様子を見に来てくれた義母が「だいじょうぶよ，元気そうだもの」と言ってくれて，これまたほっとしたのを覚えています。当時の育児日記を読むとあらゆることにあたふたしていて，あまりの新米ぶりに自分のことながら苦笑してしまいます。そんな体験もあって，私は世の中の「母」という存在には無条件に敬意をあらわします。

子育てを通して，地域に友達や知り合いが増え，私自身の世界が拡がりました。ふりかえってみると，子育てをするにあたって何よりそれが有難かったと思います。私というひとつの価値観だけでなく，家族の価値観だけでもなく，友達の家族や，学校の先生，地域の人たち，いろんな大人たちに出会い，いろんな体験をするなかで私もわが子も育てられました。

社会のなかにはいろいろな人がいます。当然，親である私の価値観と合わない大人や，まったく異なるタイプの大人と出会うこともありました。しかし，そういった関わりのなかで，子どもというのは育つものだと自分の体験からも感じます。

私が子育てのなかで自分の戒めとしてきた言葉があります，それは私の尊敬する先生から言われた言葉でした。「あなた，子どもに余計なことをいうのではないよ，子どものほうがよっぽどまともなんだから」。それは次の詩を思い起こさせる言葉でした。

子供について

あなた方の子供たちは，あなた方のものではない。
大いなるいのちのあこがれの息子たちと娘たちなのだ。
かれらはあなた方のからだを通ってやってくるけれども，
あなた方から生まれるわけではない。
かれらはあなた方とともにいるけれども，
あなた方のものではない。

あなた方は愛をあたえてもよいが，
自分の考えを押しつけてはならない。
なぜなら，かれらは自分自身の考えをもっているのだから。
かれらのからだに寄り添ってもよいが，
魂に近づいてはならない。
なぜならかれらの魂は明日に住んでいるので，
あなた方は夢のなかでさえもそこを訪れることはできないのだ。
あなた方は子供たちのようになろうと努めてもよいが，
かれらをあなた方のようにしようとしてはいけない。
なぜならいのちは過去に向かって進むことはないし，
昨日にとどまることはないのだから。
子供たちは生きた矢羽として，
あなた方から打ち出されるのだ。
神なる射手は永遠の道の上に印を見つけつつ，
その矢がすばやく遠くに飛ぶように，
弓であるあなたを力強く曲げる。
射手の手によって強く曲げられることを喜びなさい。
なぜなら射手は飛んでいく矢を愛するのと同じように，
しっかりとしたよくたわむ弓をも愛しているのだから。（柳沢 2008：53-54）

子どもはこの世に生まれた瞬間から自分の人生を生きることを始めます。すべての子どもが自分の種を育て，花開いていくことを，私たち大人は応援していきたいと思います。

2018年７月

井 潤 知 美

著者紹介

井澗知美（いたに・ともみ）

上智大学文学部，早稲田大学大学院人間科学研究科修士課程修了後，国立精神・神経センター精神保健研究所で発達障害の臨床研究に携わり，カリフォルニア大学ロサンゼルス校（UCLA）にてペアレントトレーニングの研修を受ける。その後中央大学大学院博士課程でペアレントトレーニングの有効性に関する研究に取り組む。現在は大正大学心理社会学部臨床心理学科准教授。

イラスト

あべまれこ

困っている子の育ちを支えるヒント
——発達の多様性を知ることでみえてくる世界——

2018年９月30日　初版第１刷発行　〈検印省略〉

定価はカバーに
表示しています

著　者　井　澗　知　美
発行者　杉　田　啓　三
印刷者　坂　本　喜　杏

発行所　株式会社　ミネルヴァ書房
〒607-8494 京都市山科区日ノ岡堤谷町１
電話代表（075）581-5191
振替口座 01020-0-8076

冨山房インターナショナル

ISBN 978-4-623-08386-2
Printed in Japan